职业教育会计专业营改增系列教材

培育会计职业素养
全面推进课程思政

小企业财务会计实训

（第三版）

主　编　罗绍明
副主编　房　琭　蓝国爱　陈群娣

立信会计出版社
LIXIN ACCOUNTING PUBLISHING HOUSE

图书在版编目(CIP)数据

小企业财务会计实训/ 罗绍明主编.—3 版. —上海：立信会计出版社，2020.3(2023.8 重印)
职业教育会计专业营改增系列教材
ISBN 978-7-5429-6445-8

Ⅰ.①小… Ⅱ.①罗… Ⅲ.①中小企业—财务会计—职业教育—教材 Ⅳ.①F276.3

中国版本图书馆 CIP 数据核字(2020)第 065661 号

策划编辑　陈　旻
责任编辑　陈　旻
封面设计　南房间

小企业财务会计实训(第三版)
XIAOQIYE CAIWU KUAIJI SHIXUN

出版发行　立信会计出版社
地　　址　上海市中山西路 2230 号　　邮政编码　200235
电　　话　(021)64411389　　传　　真　(021)64411325
网　　址　www.lixinaph.com　　电子邮箱　lixinaph2019@126.com
网上书店　http://lixin.jd.com　　http://lxkjcbs.tmall.com
经　　销　各地新华书店

印　　刷　上海万卷印刷股份有限公司
开　　本　787 毫米×1092 毫米　1/16
印　　张　8
字　　数　195 千字
版　　次　2020 年 3 月第 3 版
印　　次　2023 年 8 月第 6 次
书　　号　ISBN 978-7-5429-6445-8/F
定　　价　28.00 元

第三版前言

本实训是《小企业财务会计》(第三版)的配套用书,是为了方便教师开展教学,指导学生进行小企业财务会计知识训练而编写的教学参考用书。

本次修订反映了最新营业税改征增值税的财税政策。自2019年4月1日起,制造业等行业增值税税率从16%降至13%,交通运输、建筑、基础电信服务等行业及农产品等货物的增值税税率从10%降至9%,以及不动产进项税额采用一次性全额抵扣等。基于此,本次按新的增值税税率修订了全部训练题,力争体现教材的新颖性与实用性。

本实训依据《小企业财务会计》(第三版)的章节编写训练习题,设计有判断题、选择题、会计核算题、会计实操题等题型,可实现理论+实训相结合的训练,以培养学生理解与应用小企业会计基础知识的能力,加深学生对小企业会计理论知识的理解,提高学生对小企业会计业务核算的技能。

本实训可以作为职业院校会计及会计电算化专业的小企业财务会计课程教学配套用书,可以作为参加国家、省市职业教育会计技能竞赛的辅导教材,也可以作为小企业财务会计人员和对小企业财务会计有兴趣和爱好的读者学习、参考和训练用书。

本实训由广东省汕头市鮀滨职业技术学校罗绍明任主编,由济南科技中等职业学校房琭、河源市职业技术学校蓝国爱、湛江机电学校陈群娣任副主编,参编老师有汕头市澄海职业技术学校谢铨、深圳市龙岗区第二职业技术学校叶婉珍、东莞市信息技术学校林沛芳、广州市贸易职业高级中学包玉斌、新兴理工学校李娜、潮州市职业技术学校康建华。具体分工为:第1至第3章由罗绍明修订,第4至第6章由房琭修订,第7和第8章由蓝国爱修订,第9和第10章由陈群娣修订,第11章由谢铨修订,第12章由叶婉珍修订,第13章由林沛芳修订,第14章由包玉斌修订,第15章由李娜修订,第16章由康建华修订。全书由罗绍明统编。

由于编著者水平有限,本实训中的缺点与不成熟之处在所难免,恳请读者批评指正并提出意见与建议。谢谢来信!来信请寄:stluoming@163.com。

编　者

前　　言

本实训是《小企业财务会计》的配套用书，是为了方便教师开展教学，指导学生进行小企业财务会计知识训练而编写的教学参考用书。本书的特点主要表现为以下几方面。

1. 内容新颖实用，反映营业税改征增值税的财税政策

国务院决定自2016年5月1日起，在全国范围内全面实施营业税改征增值税的财税政策，以及2016年12月3日财政部印发了《增值税会计处理规定》。基于此，本实训依据最新的营业税改征增值税的财税政策、增值税会计处理规定以及小企业会计准则进行编写，力争体现教材的新颖性与实用性。

2. 强调基础训练，体现职业教育技能训练的职教特色

本实训依据《小企业财务会计》的章节编写训练习题，强化小企业会计基础训练，以培养学生理解与应用小企业会计基础知识的能力，加深学生对小企业会计理论知识的理解，提高学生对小企业会计业务核算的技能。

3. 结构体系清晰，能适应职教学生的学习习惯

本实训采用结构化教材编写模式，依据《小企业财务会计》的项目顺序，按项目编写，每项目练习题包括五种题型，分别是判断题、单选题、多选题、会计核算题和会计实操题等，可实现理论＋实训相结合的训练。

本实训可以作为职业院校会计及会计电算化专业的小企业财务会计课程教学配套用书，可以作为参加国家、省市职业教育会计技能竞赛的辅导教材，也可以作为小企业财务会计人员和对小企业财务会计有兴趣和爱好的读者学习、参考和训练的用书。

本实训由广东省汕头市鮀滨职业技术学校罗绍明任主编，由山东圣翰财贸职业学院房球、广东江门市第一职业高级中学任冰、汕头市澄海职业技术学校谢铨任副主编，参编老师有汕头市鮀滨职业技术学校方佳虹、深圳市龙岗区第二职业技术学校叶婉珍、惠州市工程技术学校李晓华、新兴理工学校李娜、潮州市职业技术学校康建华。具体分工为：第1和第2章由罗绍明编写，第3和第4章由房球编写，第5和第6章由任冰编写，第7和第8章由谢铨编写，第13章由方佳虹编写，第9章由叶婉珍编写，第10章由

李晓华编写，第 11 章由李娜编写，第 12 章由康建华编写。全书由罗绍明统编。

由于编著者水平有限，本实训中的缺点与不成熟之处在所难免，恳请读者批评指正并提出意见与建议。谢谢来信！来信请寄：stluoming@163.com。

编　者

目　　录

第 1 章　小企业财务会计概述

一、判断题

1. 只要是符合《中小企业划型标准规定》所规定的小型企业标准的企业都可以执行《小企业会计准则》。（　　）

2. 执行《企业会计准则》的小企业，可以在执行《企业会计准则》的同时，选择执行《小企业会计准则》的相关规定。（　　）

3. 执行《小企业会计准则》的小企业发生的交易或者事项，《小企业会计准则》未作出规定的，可以参照《企业会计准则》中的相关规定进行处理。（　　）

4. 已执行《企业会计准则》的上市公司、大中型企业和小企业，可以转为执行《小企业会计准则》。（　　）

5. 明确界定会计主体是开展会计确认、计量和报告的重要前提。（　　）

6. 利润是指小企业在某一特定会计日期的经营成果。（　　）

7.《小企业会计准则》要求小企业必须按照交易或者事项的法律形式进行会计确认、计量和报告。（　　）

8. 一项会计信息是否具有重要性，关键看该会计信息的省略或者错报是否会影响投资者等使用者据此做出的决策。（　　）

9. 在持续经营前提下，会计确认、计量和报告应当以小企业持续、正常的生产经营活动为前提。（　　）

10. 及时性要求是高质量会计信息的重要基础和关键所在。（　　）

11. 只要经济利益流出本小企业，就应该确认为一项费用。（　　）

12. 符合《中小企业划型标准规定》规定的小企业只可以执行《小企业会计准则》。（　　）

13. 会计核算要以实际发生的经济业务为依据，这体现了相关性的要求。（　　）

14. 已在创业板上市的小企业可以执行《小企业会计准则》，也可以执行《企业会计准则》。（　　）

15. 预期会给小企业带来经济利益，就应确认为小企业的资产。（　　）

二、选择题

1. 小企业按照销售合同销售商品，但又签订了售后回购协议，此时小企业不应当确认销售收入，这遵循的是（　　）要求。

A. 可靠性　　B. 重要性　　C. 实质重于形式　　D. 谨慎性

2. 会计核算的基本假设除了有持续经营、会计分期、货币计量以外，还有（　　）。

A. 实际成本　　B. 会计主体　　C. 配比原则　　D. 会计准则

3. 小企业在对会计要素进行计量时，一般应当采用(　　)计量。

A. 重置成本　　B. 现值　　C. 公允价值　　D. 历史成本

4. 以下属于小企业非流动资产项目的有(　　)。

A. 银行存款　　B. 短期投资　　C. 无形资产　　D. 应收账款

5. 以下不属于小企业所有者权益项目的有(　　)。

A. 实收资本　　B. 资本公积　　C. 营业成本　　D. 盈余公积

6. 以下属于小企业流动负债项目的有(　　)。

A. 销售费用　　B. 应交税费　　C. 管理费用　　D. 短期投资

7. 以下可以执行《小企业会计准则》的有(　　)的小企业。

A. 股票或债券在市场上公开交易

B. 已执行《企业会计准则》

C. 金融机构或其他具有金融性质

D. 符合《中小企业划型标准规定》所规定的小型企业标准

8. 规定小企业会计确认、计量和报告的空间范围的会计基本假设是(　　)。

A. 会计主体　　B. 持续经营　　C. 会计分期　　D. 货币计量

9. 小企业在对交易或者事项进行会计确认、计量和报告时，不应高估资产或者收益、低估负债或者费用的要求，是指(　　)。

A. 谨慎性　　B. 重要性　　C. 可理解性　　D. 相关性

10. 收入按业务主次的不同，可分为(　　)。

A. 营业收入和营业利润　　B. 营业收入和营业成本

C. 主营业务收入和其他业务收入　　D. 销售收入和销售费用

11. 小企业将融资租入固定资产按自有固定资产核算，遵循的是(　　)要求。

A. 谨慎性　　B. 实质重于形式　　C. 可比性　　D. 重要性

12. 小企业提供的会计信息应有助于财务会计报告使用者对小企业过去、现在或者未来的情况做出评价或者预测，这体现了会计信息质量要求中的(　　)要求。

A. 相关性　　B. 可靠性　　C. 可理解性　　D. 可比性

第 2 章　权益资金核算

一、判断题

1. 小企业资本公积可用于转增资本或弥补亏损。（　　）

2.《小企业会计准则》下，资本公积包括资本溢价和直接计入所有者权益的利得和损失。（　　）

3. 实收资本的构成比例是小企业进行利润或股利分配的主要依据。（　　）

4. 小企业的盈余公积可用于扩大经营，但不可用于弥补企业亏损。（　　）

5. 小企业用资本公积转增资本，其所有者权益总额不变。（　　）

6. 不管小企业期初是否存在未弥补的亏损，当期计提法定盈余公积的基数都是当期实现的净利润。（　　）

7. 小企业计提法定盈余公积的基数是当年实现的净利润和企业年初未分配利润之和。（　　）

8. 小企业留存收益包括资本公积和未分配利润。（　　）

二、单选题

1. 下列各项中，能影响所有者权益总额发生变动的是（　　）。

A. 支付已宣告的现金股利　　B. 盈余公积补亏

C. 实际发放股票股利　　D. 宣告派发现金股利

2. 8 月 6 日，甲公司接受嘉实公司投入材料一批，发票注明的材料价款 200 万元（不含增值税），嘉实公司占投资后甲公司注册资本的 5%，投资前甲公司的注册资本总额 2 850 万元，则此业务引起甲公司“实收资本”和“资本公积”的变动金额分别是（　　）万元和（　　）万元。

A. 200，0　　B. 150，84　　C. 150，50　　D. 142.5，57.5

3. 2019 年 1 月 1 日，某小企业所有者权益构成情况如下：实收资本 1 000 万元，资本公积 600 万元，盈余公积 300 万元，未分配利润 200 万元。2019 年实现净利润 1 000 万元，按 10%计提法定盈余公积，按 5%计提任意盈余公积，宣告发放现金股利 80 万元，资本公积转增资本 100 万元。下列有关所有者权益的表述，正确的是（　　）。

A. 2019 年 12 月 31 日可供分配利润为 1 000 万元

B. 2019 年 12 月 31 日资本公积 700 万元

C. 2019 年 12 月 31 日未分配利润为 970 万元

D. 2019 年 12 月 31 日留存收益总额为 970 万元

4. 下列各项中，不属于所有者权益的是（　　）。

A. 递延收益　　B. 实收资本　　C. 未分配利润　　D. 资本公积

5. 2019 年 7 月 1 日，某小企业所有者权益情况如下：实收资本 150 万元，资本公积 40 万元，盈余公积 22 万元，未分配利润 86 万元，则该企业 2019 年 7 月 1 日留存收益为(　　)万元。

A. 298　　B. 148　　C. 108　　D. 22

6. 某小企业 2019 年盈余公积年初余额为 60 万元，本年实现利润总额 400 万元，所得税税率 25%，无其他调整项目，按净利润的 10%提取法定盈余公积，并将盈余公积 8 万元转增资本，该企业盈余公积 2019 年年末余额为(　　)万元。

A. 60　　B. 100　　C. 82　　D. 45

7. 乙公司接受永利公司投资转入的原材料一批，原账面价值 100 000 元，合同约定的价值 120 000 元，增值税税率 13%，已收到永利公司开出的增值税专用发票，并办妥增资手续，占公司注册资本 1 000 000 元中 12%的份额，则该公司实收资本增加(　　)元。

A. 100 000　　B. 113 000　　C. 120 000　　D. 135 600

8. 下列各项中，不会引起实收资本增加的是(　　)。

A. 接受固定资产投资　　B. 盈余公积转增资本

C. 以存货对甲公司进行投资　　D. 资本公积转增资本

三、多选题

1. 以下可以作为确定投资者在小企业所有者权益中份额的依据的有(　　)。

A. 实收资本的构成比例

B. 投资者投资金额与小企业注册资本占比

C. 股东的股份比例

D. 投资者投资金额与小企业资产总额占比

2. 小企业接受投资者投资时，下列账户余额可能会发生变化的有(　　)。

A. 盈余公积　　B. 资本公积　　C. 实收资本　　D. 利润分配

3. 下列各项中，应记入“资本公积”账户贷方的有(　　)。

A. 无法支付的应付账款

B. 以资本公积转增资本

C. 接受投资者以现金投资 200 万元，其中属于资本溢价的部分 80 万元

D. 接受投资者投入一批材料，投资双方确认的价值超过其在注册资本中所占份额的部分

4. 下列各项中，不会引起所有者权益总额发生变动的有(　　)。

A. 用盈余公积弥补亏损　　B. 用资本公积转增资本

C. 股东大会宣告分派现金股利　　D. 为自建固定资产而借入专项贷款

5. 下列各项中，不会引起留存收益总额发生变动的有(　　)。

A. 用盈余公积补亏　　B. 提取盈余公积

C. 盈余公积转增资本　　D. 资本公积转增资本

6. 甲公司收到乙公司投入设备原价 100 万元(不含税)，合同约定设备的价款 120 万元(不含税)，甲公司收到乙公司的投资后，注册资本增至 1 000 万元，乙公司占其中 10%的份额，以下会计处理，正确的有(　　)。

A. 实收资本入账金额为 100 万元　　B. 接受投资产生的溢价 35.6 万元

C. 实收资本增加 120 万元　　D. 准予抵扣的进项税额 15.6 万元

7. 下列各项中，不通过“资本公积”账户核算的有(　　)。

A. 接受固定资产捐赠　　B. 无法支付的应付账款

C. 存货的盘盈　　D. 资本的溢价

8. 小企业实收资本或股本增加的途径有(　　)。

A. 企业宣告分派现金股利　　B. 接受投资者现金资产投资

C. 用盈余公积转增资本　　D. 用资本公积转增资本

四、会计核算题

根据以下经济业务，编制有关会计分录。

1. 甲公司收到乙公司作为资本投入的不需要安装的机器设备一台，合同约定该机器设备的价值为 200 万元，增值税进项税额为 26 万元，乙公司占投资后甲公司注册资本总额的 10%，投资前甲公司“实收资本”账户余额为 900 万元。

2. 恒利公司注册资本为 400 万元，出资人甲、乙、丙三公司的出资比例为 1∶4∶3。为扩大经营规模，经批准，2019 年 7 月 5 日，公司注册资本扩大至 500 万元，甲、乙、丙公司按照原出资比例分别追加现金投资，资金已转入恒利公司；9 月 28 日，经批准，将资本公积和盈余公积中的 80 万元和 40 万元转增资本，均已办妥增资手续。

3. 2019 年 7 月 26 日，某小企业因扩大经营规模需要，经股东大会决议批准，决定以资本公积 600 000 元转增资本，已办妥增资手续。

五、会计实操题(要求完成未填好的原始凭证，填制记账凭证)

1. 2019 年 9 月 6 日，广东裕美家具有限公司收到深圳益林投资有限公司作为资本金投入的现金投资额 460 000 元，款项已收存银行，如图 2-1 至图 2-4 所示。

投资协议书

投出单位：深圳益林投资有限公司

投入单位：广东裕美家具有限公司

深圳益林投资有限公司以 460000 元货币资金投入广东裕美家具有限公司，占裕美公司增资扩股后的注册资本 1500000 元中 20%的份额。

深圳益林投资有限公司　　　　广东裕美家具有限公司

2019 年 9 月 6 日　　　　2019 年 9 月 6 日

图 2-1　投资协议书

收　　据

No 0021401

2019 年 9 月 6 日

今收到 深圳益林投资有限公司交来支票一张，作为资本金投入。

金额（大写）：肆拾陆万零仟零佰零拾零元零角零分（¥460000.00）

会计主管：范永建　复核：杨东梅　收款人：谢丽华　单位盖章

第三联 记账

图 2-2　收款收据

中国建设银行进账单（回　单）　1

2019 年 09 月 06 日

出票人	全　称	深圳益林投资有限公司	收款人	全　称	广东裕美家具有限公司
	账　号	12854243482		账　号	11682674052
	开户银行	中行锦湖支行		开户银行	建行东环支行
金额	人民币(大写)	肆拾陆万元整		亿 千 百 十 万 千 百 十 元 角 分	¥ 4 6 0 0 0 0 0 0
票据种类		支票	票据张数	壹	
票据号码		12314021			
复核		记账			开户银行盖章

此联是开户银行交给持（出）票人的回单

图 2-3　银行进账单

记 账 凭 证

年　月　日　　　　　　　　　　　字第　号

摘　要	总账科目	明细科目	借方金额										贷方金额										账页或√
			千	百	十	万	千	百	十	元	角	分	千	百	十	万	千	百	十	元	角	分	
附属单证　　张		合计																					

会计主管　　　　　　　记账　　　　　　　审核　　　　　　　制单

图 2-4　记账凭证

2. 2019 年 9 月 6 日，广东裕美家具有限公司收到广东滨江建材有限公司作为资本金投入的材料一批，滨江公司开出增值税专用发票，发票注明价款 259 000 元，增值税额 33 670元，材料已验收入库，如图 2-5 至图 2-8 所示。

投资协议书

投出单位：广东滨江建材有限公司

投入单位：广东裕美家具有限公司

广东滨江建材有限公司以木料一批作为资本金投入广东裕美家具有限公司，双方协议确定价值为 292670 元，占裕美公司增资扩股后的注册资本 1500000 元中 12%的份额。

广东滨江建材有限公司　　　　　　　　广东裕美家具有限公司

2019 年 9 月 6 日　　　　　　　　　　2019 年 9 月 6 日

图 2-5　投资协议书

收　料　单

2019 年 9 月 6 日　　　　　　　　单位：元

材料名称	规格型号	单位	应收数量	实收数量	金额
木条		根	4 000	4 000	64 000.00
木板		块	3 000	3 000	195 000.00

仓库主管：陈德明　　　　　　验收：李怡华　　　　　　收料：朱永材

图 2-6　收料单

广东增值税专用发票

4405281253　　　　№ 282063201

国家税务总局 广东省税务局

开票日期：2019 年 09 月 06 日

购买方	名　　称：广东裕美家具有限公司 纳税人识别号：440103256268024 地址、电话：番禺区东环路 120 号 56327581 开户行及账号：建行东环支行 11682674052	密码区	（略）

货物或应税劳务、服务名称	规格型号	单位	数量	单价	金额	税率	税额
*林业产品*木条		根	4000	16.00	64000.00	13%	8320.00
*林业产品*木板		块	3000	65.00	195000.00	13%	25350.00
合　计					¥259000.00		¥33670.00
价税合计（大写）	⊗贰拾玖万贰仟陆佰柒拾圆整				（小写）¥292670.00		

销售方	名　　称：广东滨江建材有限公司 纳税人识别号：440502443243027 地址、电话：东莞市银丰路 25 号 83682587 开户行及账号：建行银丰支行 15286243356	备注	广东滨江建材有限公司 440502443243027 发票专用章

收款人：肖伟建　　复核：陈明珊　　开票人：张晓波　　销售方：（章）

第三联：发票联　购买方记账凭证

图 2-7　增值税专用发票

记　账　凭　证

年　月　日　　　　字第　号

摘要	总账科目	明细科目	借方金额										贷方金额										账页或√
			千	百	十	万	千	百	十	元	角	分	千	百	十	万	千	百	十	元	角	分	
附属单证　张		合计																					

会计主管　　　记账　　　审核　　　制单

图 2-8　记账凭证

第 3 章　债务资金核算

一、判断题

1. 小企业向第三方(如单位、个人)借入的款项不能作为短期借款核算。（　　）

2. 小企业短期借款利息费用全部计入财务费用,不需要考虑借款费用资本化问题。（　　）

3.《小企业会计准则》下,应付未付的长期借款利息通过“长期借款——应计利息”账户核算。（　　）

4. “长期借款”账户期末贷方余额,反映小企业尚未偿还的长期借款本息。（　　）

5.《小企业会计准则》下,长期借款利息不采用实际利率法计算利息,一律按照合同约定的名义利率进行计算。（　　）

6. 长期借款应当按照借款本金和同期银行存款利率在应付利息日计提利息费用。（　　）

7. 债务资金是指小企业依法筹措并依约使用、按期偿还的资金。（　　）

8. 小企业经过 1 年期以上的制造才能达到预定可销售状态的产品发生的借款费用应在“制造费用”账户核算。（　　）

二、单选题

1. 短期借款核算时不涉及的账户是(　　)。

A. “应付利润”　　B. “应付利息”　　C. “财务费用”　　D. “银行存款”

2. 关于长期借款,下列说法错误的是(　　)。

A. 到期一次还本付息的长期借款计提的利息应增加长期借款账面余额

B. 分期付息的长期借款计提的利息应记入“应付利息”账户的贷方

C. 长期借款利息符合资本化条件的应计入相关资产成本

D. 不符合资本化条件的长期借款利息应计入财务费用

3. 与长期借款利息核算有关的账户是(　　)。

A. “长期借款——应计利息”　　B. “应付利息”

C. “应付股利”　　D. “应付利润”

4. 小企业向第三方(如单位、个人)借入的款项视同(　　)进行会计核算。

A. 应付利润　　B. 应付利息　　C. 长期借款　　D. 短期借款

5. 长期借款应当按照借款本金和借款合同利率在(　　)计提利息费用。

A. 实际支付利息日　　B. 长期借款日

C. 应付利息日　　D. 资产负债表日

6. 小企业发生的汇兑收益,在(　　)账户核算。
A.“营业外支出”　　B.“营业外收入”　　C.“财务费用”　　D.“应付利息”

三、会计核算题

1. 2019年6月1日,某小企业向中国建设银行贷得短期借款200 000元,用于购买原材料。借款期限为3个月,年利率为6%,款项已收存银行,到期还本付息。

2. 2019年8月20日,某小企业向建设银行借入一笔生产周转借款,金额为60 000元,期限为2年,年利率为5.8%,所借款项当日划存银行。借款协议约定,该笔借款单利计息、每半年付息一次、到期还本。

3. 利佳公司为扩建厂房,2018年7月20日与银行签订借款合同,向银行借入期限为2年的长期借款5 000 000元,合同约定,借款利率为6%,每年年末付息一次,期满还本,款项于2018年8月1日取得,并存入银行。2018年9月1日,厂房开建并一次性投入5 000 000元,该厂房2019年9月竣工交付使用。

要求:

(1) 编制2018年8月1日取得借款的会计分录。

(2) 2018年12月31日计算应付的借款利息,并编制相关会计分录。

(3) 编制2018年12月31日支付利息的会计分录。

(4) 编制2020年7月31日归还借款本息的会计分录。

四、会计实操题（要求完成未填好的原始凭证，填制记账凭证）

1. 2019 年 9 月 28 日，广东裕美家具有限公司向银行借入为期 3 年的借款，款项已划入公司存款户，如图 3-1 和图 3-2 所示。

中国建设银行对公客户收款通知单

2019 年 09 月 28 日　　　　交易种类：固定资产贷款放款

付款人	全称	广东裕美家具有限公司	收款人	全称	广东裕美家具有限公司
	账号	11682674692		账号	11682674052
	开户行	中国建设银行广州市分行		开户行	中国建设银行广州市东环支行

大写金额		亿	千	百	十	万	千	百	十	元	角	分
	（币种）人民币陆万元整				¥	6	0	0	0	0	0	0

上述贷款金额已转存入你单位 11682674052 存款户。	合同号：银借字第 001210 号 备注：贷款期 3 年

中国建设银行股份有限公司
广州东环支行
2019.09.28
办讫章
(4)

此联为收款人收账通知

会计主管　　　　复核　　　　记账

图 3-1　借款转存凭证

记　账　凭　证

年　月　日　　　　字第　号

摘　要	总账科目	明细科目	借方金额 千	百	十	万	千	百	十	元	角	分	贷方金额 千	百	十	万	千	百	十	元	角	分	账页或√
附属单证　　张		合计																					

会计主管　　　　记账　　　　审核　　　　制单

图 3-2　记账凭证

2. 2019 年 10 月 18 日，广东裕美家具有限公司偿还短期借款，如图 3-3 和图 3-4 所示。

中国建设银行对公客户付款通知单

2019 年 10 月 18 日　　　　交易种类：生产经营贷款还款

付款人	全称	广东裕美家具有限公司	收款人	全称	广东裕美家具有限公司
	账号	11682674052		账号	11682674692
	开户行	中国建设银行广州市东环支行		开户行	中国建设银行广州市分行

大写金额	(币种)人民币伍万元整	亿	千	百	十	万	千	百	十	元	角	分
					¥	5	0	0	0	0	0	0

上述贷款本金已从你单位存款账户 11682674052 支付。	合同号：银借字第 001006 号 备注：

中国建设银行股份有限公司
广州东环支行
2019.10.18
办讫章
(4)

此联为付款人付款通知

会计主管　　　　复核　　　　记账

图 3-3　偿还贷款凭证

记　账　凭　证

年　月　日　　　　字第　号

摘要	总账科目	明细科目	借方金额										贷方金额										账页或√
			千	百	十	万	千	百	十	元	角	分	千	百	十	万	千	百	十	元	角	分	
附属单证　张		合计																					

会计主管　　　　记账　　　　审核　　　　制单

图 3-4　记账凭证

第 4 章　货币资金核算

一、判断题

1. 现金是指由出纳员保管并存放于小企业财务部门，用于小企业日常零星开支的货币，包括人民币和外币。（　　）

2. 按照国务院颁布的《现金管理暂行条例》，小企业不可用库存现金支付个人劳务报酬。（　　）

3. 任何情况下，小企业一律不得坐支现金。（　　）

4. 小企业为方便现金的存取，可以同时在几个银行开设基本存款账户。（　　）

5. 小企业可以通过一般存款账户办理转账结算和现金缴存，但不能支取现金。（　　）

6. 银行汇票是银行签发的，承诺自己在见票时无条件支付确定的金额给收款人或持票人的票据。（　　）

7. 小企业库存现金限额一般为 3～5 天的日常零星开支所需的库存现金，可以多于 5 天，但最长不得超过 10 天 。（　　）

8. 只要银行和企业的财务记录都没错，月末银行对账单的存款余额与企业银行存款日记账的余额就应当相等。（　　）

9. 商业汇票、银行汇票、银行本票等结算方式均通过“其他货币资金”账户核算。（　　）

10. 代售、寄售、赊销商品的款项，不得办理托收承付结算。（　　）

二、选择题

1.《现金管理暂行条例》规定，现金结算的限额为（　　）元。

A. 500　　B. 1 000　　C. 1 500　　D. 2 000

2. 开户单位支付给个人的款项，超过现金使用限额的部分，可用（　　）支付。

A. 银行本票　　B. 银行汇票

C. 商业汇票　　D. 商业承兑汇票

3. 小企业一般不得从本单位的现金收入中直接支付现金，因特殊情况需要支付现金的，应事先经（　　）审查批准。

A. 本单位负责人　　B. 财税部门

C. 开户银行　　D. 上级主管部门

4. 某小企业 2019 年 6 月签发现金支票一张，从银行提取现金 3 000 元补足现金限额，会计分录应（　　）。

A. 借记“银行存款”账户　　B. 借记“库存现金”账户

C. 贷记“库存现金”账户　　D. 借记“其他货币资金”账户

5. 银行已入账而小企业未入账的未达账项,小企业应当(　　)入账。

A. 按银行对账单　　B. 按银行存款余额调节表

C. 待有关结算凭证到达后　　D. 按自制原始凭证

6. 支票提示付款期限为自出票日起(　　)日。

A. 3　　B. 5　　C. 10　　D. 15

7. 下列未达账项中,使得小企业银行存款日记账余额大于银行对账单余额的有(　　)。

A. 企业开出支票,对方未到银行兑现

B. 银行误将其他公司的存款记入本企业银行存款账户

C. 银行代扣水电费,企业尚未接到通知

D. 委托收款结算方式下,银行收到结算款项,企业尚未收到通知

8. 下列各项中,不属于货币资金核算范围的是(　　)。

A. 银行存款　　B. 银行汇票

C. 存出投资款　　D. 商业承兑汇票

9. 以下属于商业汇票的是(　　)。

A. 商业承兑汇票　　B. 支票　　C. 银行汇票　　D. 银行本票

10. 下列票据中,不可以背书转让的是(　　)。

A. 现金支票　　B. 商业汇票　　C. 银行汇票　　D. 银行本票

三、会计核算题

1. 星际公司 2019 年 6 月发生以下经济业务,请编制相关会计分录。

(1) 1 日,从银行提取现金 10 000 元,以备发工资。

(2) 8 日,销售产品,收到现金货款 1 000 元,增值税额 130 元。

(3) 15 日,员工王红外出预借差旅费 1 500 元。

(4) 19 日,王红出差回来,报销差旅费 1 450 元,多余款项交回。

(5) 21 日，财务部门进行现金清查，发现现金长款 120 元，原因待查。

(6) 经核查(5)中现金长款系少付本公司职工的款项。

(7) 29 日，财务部门进行现金清查，发现现金短款 300 元，原因待查。

(8) 经核查并做出决定，300 元现金短款，其中 200 元系出纳员的责任，应由其赔偿，另外 100 元无法查明原因。

(9) 公司行政部门实行定额备用金制度，1 日，财务部门根据核定的备用金金额，拨付现金 1 800 元；29 日，行政部门报销日常零星费用 1 650 元，财务部门审核无误后，同意报销，并以现金补足备用金定额。

2. 新林公司 2019 年 7 月发生以下银行存款收付业务，请编制相关会计分录。

(1) 3 日，取得短期借款 200 000 元，已存入银行。

(2) 5 日，收到产品销售货款 22 600 元，其中增值税额 2 600 元，已存入银行。

(3) 11 日，购入不需安装的设备一台，价款 120 000 元，增值税额 15 600 元，款项已付。

(4) 14 日,购入材料一批,价款 8 000 元,增值税额 1 040 元,材料已验收入库,款项已付。

(5) 20 日,接银行通知,本月取得银行存款利息收入 5 400 元。

(6) 25 日,收到银行转来的收款通知,上月委托银行托收的销货款 30 000 元已收妥。

3. 丰华公司 2019 年 8 月末银行存款日记账的余额为 50 800 元,银行转来对账单余额为 47 530 元,经过逐笔核对,查明有下列未达账项。

(1) 30 日,公司送存银行的转账支票 6 200 元,银行尚未记账。

(2) 31 日,公司开出转账支票 780 元,但持票单位尚未到银行办理转账,银行尚未记账。

(3) 31 日,公司委托银行代收甲公司购货款 4 020 元,银行已登记入账,但公司尚未收到收款通知,尚未记账。

(4) 31 日,银行直接从公司账户扣减水电费 1 870 元,但公司尚未收到付款凭证,尚未记账。

请根据上述资料编制本月银行存款余额调节表,如表 4-1 所示。

表 4-1 **银行存款余额调节表**

年 月 日 单位:元

项目	金额	项目	金额
企业银行存款日记账余额		银行对账单余额	
加:		加:	
减:		减:	
调节后余额		调节后余额	

四、会计实操题(要求完成未填好的原始凭证,填制记账凭证)

1. 2019 年 7 月 3 日,广东裕美家具有限公司(法定代表人为杨德兴)向广东胜华家具有限公司销售办公桌 60 张,开出增值税专用发票,款项已收存银行,如图 4-1 至图 4-5 所示。

广东增值税专用发票

4601041141　　　　№ 231607401

此联不作报销、扣税凭证使用

（印章：全国统一发票监制章 广东省税务局）

开票日期：2019 年 07 月 03 日

购买方	名　　称：广东胜华家具有限公司 纳税人识别号：440103564568023 地址、电话：花都区新华路 72 号 36637584 开户行及账号：工行新华支行 11634813054				密码区	（略）	
货物或应税劳务、服务名称	规格型号	单位	数量	单价	金额	税率	税额
*家具*办公桌		张	60	380.00	22800.00	13%	2964.00
合　计					¥22800.00		¥2964.00
价税合计（大写）	⊗贰万伍仟柒佰陆拾肆圆整				（小写）¥25764.00		
销售方	名　　称：广东裕美家具有限公司 纳税人识别号：440103256268024 地址、电话：番禺区东环路 120 号 56327581 开户行及账号：建行东环支行 11682674052				备注		

第一联：记账联　销售方记账凭证

收款人：谢丽华　　复核：杨东梅　　开票人：王耀林　　销售方：（章）

图 4-1　增值税专用发票

产品出库单

2019 年 7 月 3 日　　　　单位：元

产品名称	规格	型号	单位	数量	单位成本	金额
办公桌			张	60		

仓库主管：陈德明　　复核：杨东梅　　发货：朱永材　　制单：梁芳

图 4-2　产品出库单

中国工商银行支票（粤）　　GS 07024041

付款期限自出票之日起十天

出票日期（大写）贰零壹玖年柒月零叁日　　付款行名称：工行新华支行

收款人：广东裕美家具有限公司　　出票人账号：11634813054

人民币（大写）	千	百	十	万	千	百	十	元	角	分
贰万伍仟柒佰陆拾肆元整			¥	2	5	7	6	4	0	0

用途 支付货款　　密码

上列款项请从我账户内支付　　行号

出票人签章　（印章：广东胜华家具有限公司财务专用章）（印章：王德胜）

复核　　记账

附加信息：	被背书人：	被背书人：
	背书人签章 年　月　日	背书人签章 年　月　日

图 4-3　转账支票

中国建设银行**进账单**　（回　单）　　1

年　　月　　日

出票人	全　称		收款人	全　称												
	账　号			账　号												
	开户银行			开户银行												
金额	人民币 （大写）					亿	千	百	十	万	千	百	十	元	角	分
票据种类		票据张数														
票据号码																
复核　　　　记账				开户银行盖章												

此联是开户银行交给持(出)票人的回单

图 4-4　银行进账单

记　账　凭　证

年　月　日　　　　　　　　　　字第　　号

摘　要	总账科目	明细科目	借方金额										贷方金额										账页或√
			千	百	十	万	千	百	十	元	角	分	千	百	十	万	千	百	十	元	角	分	
附属单证　　张		合计																					

会计主管　　　　记账　　　　审核　　　　制单

图 4-5　记账凭证

2. 2019 年 7 月 5 日，广东裕美家具有限公司会计人员填写银行汇票申请书，向开户银行申请签发银行汇票，收款人为广东利源木材工业公司，如图 4-6 和图 4-7 所示。

中国建设银行银行汇票申请书(存根)　　1

第 01201 号

申请日期 2019 年 7 月 5 日

申请人	广东裕美家具有限公司	收款人	广东利源木材工业公司										
账　号 或住址	11682674052	账　号 或住址	18722683058										
用途	支付采购材料款	代　理 付款行											
汇票金额	人民币 （大写）　壹拾壹万伍仟陆佰元整		千	百	十	万	千	百	十	元	角	分	
				¥	1	1	5	6	0	0	0	0	
上列款项请从我账户内支付 申请人盖章　广东裕美家具有限公司财务专用章　杨德兴		科　　目（借） 对方科目（贷）											
		财务主管　　复核　　经办											

此联出票行给汇款人的回单

中国建设银行银行汇票专用章　440103376268936

图 4-6　银行汇票申请书存根联

记　账　凭　证

年　月　日　　　　字第　号

摘　　要	总账科目	明细科目	借方金额										贷方金额										账页或√
			千	百	十	万	千	百	十	元	角	分	千	百	十	万	千	百	十	元	角	分	
附属单证　　张		合计																					

会计主管　　　　记账　　　　审核　　　　制单

图 4-7　记账凭证

3. 2019 年 7 月 12 日，广东裕美家具有限公司向广东利源木材工业公司采购材料一批，并以本月 5 日申请的银行汇票结算材料款，如图 4-8 和图 4-10 所示。

广东增值税专用发票

4408241741　　　　　　　　　　　　　　　　　　№ 421061201

发票联

国家税务总局
广东省税务局

开票日期：2019 年 07 月 12 日

购买方	名　　称：广东裕美家具有限公司 纳税人识别号：440103256268024 地址、电话：番禺区东环路 120 号 56327581 开户行及账号：建行东环支行 11682674052	密码区	（略）

货物或应税劳务、服务名称	规格型号	单位	数量	单价	金额	税率	税额
*林业产品*木条		根	2000	16.00	32000.00	13%	4160.00
*林业产品*木板		块	1000	65.00	65000.00	13%	8450.00
合计					¥97000.00		¥12610.00
价税合计（大写）	⊗壹拾万玖仟陆佰壹拾圆整				（小写）¥109610.00		

销售方	名　　称：广东利源木材工业公司 纳税人识别号：440806835268026 地址、电话：梅州市梅江路 6 号 8835542 开户行及账号：中行梅江支行 18722683058	备注	广东利源木材工业公司 440806835268026 发票专用章

收款人：张泽林　　复核：李立华　　开票人：陈红娜　　销售方：（章）

第三联：发票联　购买方记账凭证

图 4-8　增值税专用发票

收　料　单

2019 年 7 月 12 日　　　　　　　　　　　　单位：元

材料名称	规格型号	单位	应收数量	实收数量	金额
木条		根	2 000	2 000	32 000.00
木板		块	1 000	1 000	65 000.00

仓库主管：陈德明　　　　验收：李怡华　　　　收料：朱永材

图 4-9　收料单

记　账　凭　证

年　月　日　　　　　　　　　　　　字第　号

摘要	总账科目	明细科目	借方金额 千	百	十	万	千	百	十	元	角	分	贷方金额 千	百	十	万	千	百	十	元	角	分	账页或√
附属单证　　张		合计																					

会计主管　　　　记账　　　　审核　　　　制单

图 4-10　记账凭证

4. 2019 年 7 月 16 日，收到退回的银行汇票多余款，如图 4-11 和图 4-12 所示。

中国建设银行

银行汇票(多余款收账通知)　4　汇票号码

付款期限 壹 个 月

出票日期（大写）	贰零壹玖年柒月零伍日	代理付款行：广州建行东环支行	行号：01692
收款人：广东利源木材工业公司		账　号：18722683058	
出票金额	人民币（大写）壹拾壹万伍仟陆佰元整		
实际结算金额	人民币（大写）壹拾万玖仟陆佰壹拾元整	千 百 十 万 千 百 十 元 角 分	¥ 1 0 9 6 1 0 0 0
申请人：广东裕美家具有限公司		账号：11682674052	
出票行：建行东环支行　行号：01692			
备　注：支付采购材料款	多余金额 百 十 万 千 百 十 元 角 分	¥ 5 9 9 0 0 0	上述多余金额已存入你单位存款账户。
复核　　经办			复核　办讫章　记账

此联出票行结算汇票时作多余款收账通知

中国建设银行股份有限公司 广州东环支行 2019.07.16 办讫章 (4)

图 4-11　银行汇票多余款收账通知

<u>记　账　凭　证</u>

年　月　日　　　　字第　号

摘　要	总账科目	明细科目	借方金额（千 百 十 万 千 百 十 元 角 分）	贷方金额（千 百 十 万 千 百 十 元 角 分）	账页或√
附属单证　　张		合计			

会计主管　　记账　　审核　　制单

图 4-12　记账凭证

5. 2019 年 7 月 16 日，广东裕美家具有限公司支付上月电费，如图 4-13 至图 4-15 所示。

中国建设银行对公客户付款通知单

账别：人民币　　2019 年 7 月 16 日　　交易种类：支付电费

<table>
<tr><td rowspan="3">付款人</td><td>全　称</td><td>广东裕美家具有限公司</td><td rowspan="3">收款人</td><td>全　称</td><td>广东电网广州供电公司</td></tr>
<tr><td>账　号</td><td>11682674052</td><td>账　号</td><td>11263674849</td></tr>
<tr><td>开户行</td><td>建行东环支行</td><td>开户行</td><td>工行民权支行</td></tr>
<tr><td>大写金额</td><td colspan="4">（人民币）贰仟贰佰肆拾柒元叁角肆分</td><td>¥2247.34</td></tr>
<tr><td colspan="3">上述款项已从你单位存款账户 11682674052 支付。</td><td colspan="3">中国建设银行股份有限公司 广州东环支行 2019.07.16 办讫章 (2)
（银行盖章）</td></tr>
</table>

此联为付款人付款通知

会计主管：　　复核：　　记账：

图 4-13　付款通知单

广东增值税专用发票

4401241743　　发票联　　№ 421341301

全国统一发票监制章 国家税务总局 广东省税务局

开票日期：2019 年 07 月 16 日

<table>
<tr><td rowspan="4">购买方</td><td colspan="4">名　称：广东裕美家具有限公司</td><td rowspan="4">密码区</td><td colspan="3" rowspan="4">（略）</td></tr>
<tr><td colspan="4">纳税人识别号：440103256268024</td></tr>
<tr><td colspan="4">地址、电话：番禺区东环路 120 号 56327581</td></tr>
<tr><td colspan="4">开户行及账号：广州市建行东环支行 11682674052</td></tr>
<tr><td colspan="2">货物或应税劳务、服务名称</td><td>规格型号</td><td>单位</td><td>数量</td><td>单价</td><td>金额</td><td>税率</td><td>税额</td></tr>
<tr><td colspan="2">*供电*电费</td><td></td><td>度</td><td>2486</td><td>0.80</td><td>1988.80</td><td>13%</td><td>258.54</td></tr>
<tr><td colspan="2">合　计</td><td></td><td></td><td></td><td></td><td>¥1988.80</td><td>13%</td><td>¥258.54</td></tr>
<tr><td colspan="2">价税合计（大写）</td><td colspan="5">⊗贰仟贰佰肆拾柒圆叁角肆分</td><td colspan="2">（小写）¥2247.34</td></tr>
<tr><td rowspan="4">销售方</td><td colspan="4">名　称：广东电网广州供电公司</td><td rowspan="4">备注</td><td colspan="3" rowspan="4">广东电网广州供电公司 440106734916755 发票专用章</td></tr>
<tr><td colspan="4">纳税人识别号：440106734916755</td></tr>
<tr><td colspan="4">地址、电话：广州市民权路 142 号 88683127</td></tr>
<tr><td colspan="4">开户行及账号：工行民权支行 11263674849</td></tr>
</table>

第三联：发票联　购买方记账凭证

收款人：　　复核：梁智华　　开票人：何瑞明　　销售方：(章)

图 4-14　电费发票

记　账　凭　证

年　月　日　　　　　　　　　　　　字第　号

摘　要	总账科目	明细科目	借方金额										贷方金额										账页或√
			千	百	十	万	千	百	十	元	角	分	千	百	十	万	千	百	十	元	角	分	
附属单证　　张		合计																					

会计主管　　　　记账　　　　审核　　　　制单

图 4-15　记账凭证

第5章　存货核算

一、判断题

1. 一般来说，凡是存放在小企业的一切货物，都应确认为小企业的存货。（　　）

2. 小企业取得存货时，应按其成本进行计量，存货取得的途径不同，其成本的构成也有所不同。（　　）

3. 外购存货成本是指小企业物资从采购到入库前所发生的全部支出，包括购买价款、相关增值税、运输费、装卸费和保险费等。（　　）

4. 小企业通过进一步加工取得的存货的成本包括直接材料、直接人工以及按一定方法分配的制造费用。（　　）

5. 小企业接受投资者投入的存货，其成本应按其历史成本确定。（　　）

6. 确定盘盈存货的成本，首先，应当选择该项存货的市场价格；如果该项存货的市场价格不存在，其次，应当选择该类存货的市场价格；如果该类存货的市场价格不存在，再次，应当选择类似存货的市场价格；如果类似存货的市场价格也不存在，则应采用评估价值确定。（　　）

7. "在途物资"账户属于资产类账户，适用于采用计划成本法进行材料、商品等物资的日常核算的小企业，核算已购买但尚未到达或尚未验收入库的各种物资的计划采购成本。（　　）

8. 小企业可以在制度规定的存货计价方法中，任意选择一种对存货进行计价，一旦选用，不得随意变更。（　　）

9. 委托加工物资属于应纳消费税的应税消费品，应由委托方向受托方收货后，自行缴纳消费税。（　　）

10. 对于存货的盘盈、盘亏，应填写存货盘点报告（如实存账存对比表），及时查明原因，按规定程序报经股东大会、董事会或经理（厂长）会议批准，盘盈存货实现的收益计入营业外收入，盘亏存货发生的损失计入营业外支出。（　　）

二、选择题

1. 下列各项中，可以确认为小企业存货的是（　　）。

A. 受托加工来料　　B. 在途物资

C. 受托代销商品　　D. 约定未来购入的商品

2. 外购存货的成本中的运杂费不包括的项目有（　　）。

A. 运输费　　B. 保险费　　C. 仓储费　　D. 增值税

3. 2019年7月1日，某小企业结存甲材料300千克，每千克成本为2元；7月20日，购入甲材料 200 千克，每千克成本 2.2 元；7 月 10 日和 25 日，分别发出甲材料 100 千克和 200 千克。按先进先出法计价，结存材料的成本为(　　)元。

A. 416　　B. 420　　C. 440　　D. 400

4. 下列各项中，不作为“周转材料——包装物”核算的包装用品是(　　)。

A. 生产使用的包装物　　B. 出借给外单位的包装物

C. 各种包装材料　　D. 出租给外单位的包装物

5. 小企业材料采购途中的合理损耗应计入(　　)。

A. 材料采购成本　　B. 管理费用

C. 财务费用　　D. 销售费用

6. 小企业对材料的日常核算采用计划成本核算，需要设置的账户有(　　)。

A. “在途物资”和“材料采购”　　B. “材料成本差异”和“材料采购”

C. “在途物资”和“材料成本差异”　　D. “在途物资”和“原材料”

7. 某小企业购入甲材料一批，收到增值税专用发票，注明材料价款为 100 000 元，增值税额为 13 000 元，货款已付，但材料尚未运抵企业，则应借记(　　)账户。

A. “银行存款”　　B. “在途物资”

C. “原材料”　　D. “应收账款”

8. 下列关于小企业存货的说法，正确的是(　　)。

A. 确认一项货物是否属于小企业的存货，只需要满足两个条件：一是该存货包含的经济利益很可能流入小企业；二是该存货的成本能够可靠地计量

B. 外购存货成本的采购费用不包括入库前的挑选整理费用

C. 小企业接受投资者投入的存货，其成本应按评估价值确定

D. 计入存货成本的费用包括运输途中的各种损耗、仓储费和保险费等

9. 甲企业采用计划成本法进行材料的日常核算，月初结存材料的计划成本是 120 万元，成本差异是超支 24 万元，当月购入材料一批，实际成本是 150 万元，计划成本是 160 万元，当月领用材料的计划成本是 120 万元，当月领用材料应负担的材料成本差异是(　　)万元。

A. 7　　B. 6　　C. 5　　D. 4

10. 某电力公司(小企业)电力维修车间领用螺丝刀一批，计划成本为 3 500 元，销售部门领用器皿一批，计划成本为 1 500 元，厂部领用器槽一批，计划成本为 2 000 元。该公司对这些低值易耗品采用一次摊销法核算，以下正确的会计分录是(　　)。

A. 借：制造费用——维修车间　　3 500.00

　　销售费用　　1 500.00

　　管理费用　　2 000.00

　　贷：周转材料——低值易耗品　　7 000.00

B. 借：制造费用——维修车间　　3 500.00

　　销售费用　　1 500.00

　　管理费用　　2 000.00

　　贷：原材料　　7 000.00

C. 借：管理费用　　7 000.00
　　贷：周转材料——低值易耗品　　7 000.00
D. 借：制造费用——维修车间　　5 500.00
　　销售费用　　1 500.00
　　贷：周转材料——低值易耗品　　7 000.00

三、会计核算题

1. 星华公司(小企业)为一般纳税人,2019 年 7 月 20 日,从 B 公司购入原材料一批,取得增值税专用发票,注明原材料价款为 40 000 元,增值税额为 5 200 元。试根据以下情况,分别编制相关的会计分录。

(1) 发票等结算凭证已收到,货款已通过银行转账支付,材料已运到并验收入库。

(2) 发票等结算凭证已收到,货款已通过银行转账支付,但材料尚未运到。

(3) 材料已运到并验收入库,但发票等结算凭证于 8 月 6 日才收到,经核对无误后公司于当日支付材料款。该批材料的合同价为 35 000 元。

2. 某小企业对甲材料采用计划成本法进行成本核算,甲材料计划成本为 25 元/千克。2019 年 8 月 1 日,甲材料有关账户余额,如表 5-1 所示。

表 5-1　　甲材料有关账户余额表

账户名称	账户方向	账户余额(元)	材料数量(千克)
原材料	借方	14 700.00	588.00
材料成本差异	贷方	130.60	

2019 年 8 月发生以下有关甲材料收入、发出的经济业务，请编制相关会计分录。

（1）采购甲材料 480 千克（增值税税率 13%），材料已验收入库。货款 13 560 元（含税）以转账支票付讫，并以现金支付装卸费 75 元。

（2）上月已办理结算但尚在途中的 132 千克甲材料，于本月全部到达并验收入库。材料实际成本 3 270 元，计划成本 3 300 元。

（3）从外埠采购甲材料 180 千克，收到增值税专用发票等结算凭证，货款 4 859 元（含税价，增值税税率 13%）已通过银行转账支付，并支付运费 120 元，增值税额 10.8 元，材料尚未收到。

（4）根据本月发出材料汇总表，共计发出材料 960 千克，计划成本 24 000 元。其中，直接用于产品生产 600 千克，计划成本 15 000 元；用于车间一般耗用 300 千克，计划成本 7 500元；用于管理部门耗用 40 千克，计划成本 1 000 元；用于产品销售方面的耗用 20 千克，计划成本 500 元。

（5）计算分配本月发出材料应负担的成本差异，并将发出材料的计划成本调整为实际成本。

3. 某小企业 2019 年 8 月份发生如下经济业务,请编制相关会计分录。

(1) 16 日,本月销售产品领用不单独计价的包装物一批,实际成本 8 000 元;领用单独计价的包装物一批,取得销售收入 30 000 元,增值税额 3 900 元,款项已收妥并存入银行,该批包装物的实际成本为 25 000 元。

(2) 25 日,为销售产品,向某单位出租库存未用的包装物 100 个,单位成本 80 元,收到租金(含税)1 130 元,押金 1 000 元。

(3) 30 日,生产车间领用一批生产工具,实际成本 3 300 元,该批生产工具采用一次摊销法核算。

(4) 30 日,开展财产清查,发现毁损材料一批,其账面价值为 1 000 元(增值税税率 13%)。经查明是由于仓库管理员的过失造成。按规定应由其赔偿 500 元,残料价值 300 元已办理入库手续,其余经批准计入营业外支出。

(5) 31 日,根据本月发出材料汇总表,共计发出材料 368 000 元,其中,基本生产车间领用材料 300 000 元,辅助生产车间领用材料 10 000 元,车间一般消耗领用材料 50 000 元,管理部门领用材料 5 000 元,销售部门领用材料 3 000 元。

四、会计实操题(要求完成未填好的原始凭证,填制记账凭证)

1. 2019 年 7 月 5 日,广东裕美家具有限公司向广东泰华建材有限公司购买油漆 120 桶,收到增值税专用发票和运费增值税专用发票(运费由泰华公司垫付),油漆已验收入库,款项已支付,如图 5-1 至图 5-5 所示。

广东增值税专用发票

4401281287　　　　发票联　　　　№ 432363031

（国家税务总局 广东省税务局）

开票日期：2019 年 07 月 05 日

购买方	名　　称：广东裕美家具有限公司 纳税人识别号：440103256268024 地址、电话：番禺区东环路 120 号 56327581 开户行及账号：建行东环支行 11682674052	密码区	（略）

货物或应税劳务、服务名称	规格型号	单位	数量	单价	金额	税率	税额
*涂料*油漆		桶	120	186.0	22320.00	13%	2901.60
合　计					¥22320.00		¥2901.60
价税合计（大写）	⊗贰万伍仟贰佰贰拾壹圆陆角整					（小写）	¥25221.60

销售方	名　　称：广东泰华建材有限公司 纳税人识别号：440103568268026 地址、电话：番禺区西丽南路 2 号 56637584 开户行及账号：建行西丽支行 11606313052	备注	（广东泰华建材有限公司 440103568268026 发票专用章）

第三联：发票联　购买方记账凭证

收款人：张佳纯　　复核：李丽芬　　开票人：尚晓娜　　销售方：（章）

图 5-1　增值税专用发票

广东增值税专用发票

4401048146　　　　发票联　　　　№ 261384501

（国家税务总局 广东省税务局）

开票日期：2019 年 07 月 05 日

购买方	名　　称：广东裕美家具有限公司 纳税人识别号：440103256268024 地址、电话：番禺区东环路 120 号 56327581 开户行及账号：建行东环支行 11682674052	密码区	（略）

货物或应税劳务、服务名称	规格型号	单位	数量	单价	金额	税率	税额
*运输服务*运费					360.00	9%	32.40
合　计					¥360.00		¥32.40
价税合计（大写）	⊗叁佰玖拾贰圆肆角整					（小写）	¥392.40

销售方	名　　称：广东安通快递有限公司 纳税人识别号：440106208268039 地址、电话：番禺区西丽南路 62 号 56637327 开户行及账号：建行西丽支行 11606313981	备注	番禺区西丽—番禺区东环路 货物：油漆 120 桶 （广东安通快递有限公司 440106208268039 发票专用章）

第三联：发票联　购买方记账凭证

收款人：廖晓丽　　复核：张东海　　开票人：郑佳诚　　销售方：（章）

图 5-2　运费增值税专用发票

中国建设银行支票存根（粤）

GS 07384056

附加信息

出票日期　　年　月　日

收款人：
金　额：
用　途：

单位主管　　　会计

付款期限自出票之日起十天

中国建设银行支票（粤）　　GS 07384056

出票日期（大写）　　年　月　日　　付款行名称：

收款人：　　出票人账号：

人民币（大写）	千	百	十	万	千	百	十	元	角	分

用途______　　密码______

上列款项请从我账户内支付　　行号______

出票人签章　　广东裕美家具有限公司财务专用章　　杨德兴

复核　　记账

附加信息：	被背书人	被背书人
	背书人签章 年　月　日	背书人签章 年　月　日

（粘贴单处）

根据《中华人民共和国票据法》等法律法规的规定，签发空头支票由中国人民银行处以票面金额5%但不低于1000元的罚款。

图 5-3　支票

收　料　单

2019年7月5日　　单位：元

材料名称	规格型号	单位	应收数量	实收数量	金额
油漆		桶	120	120	22 680.00

仓库主管：陈德明　　验收：李怡华　　收料：朱永材

图 5-4　收料单

记 账 凭 证

年　月　日　　　　　　　　　　字第　号

摘　要	总账科目	明细科目	借方金额										贷方金额										账页或√
			千	百	十	万	千	百	十	元	角	分	千	百	十	万	千	百	十	元	角	分	
附属单证　　张		合计																					

会计主管　　　　记账　　　　审核　　　　制单

图 5-5　记账凭证

2. 2019 年 7 月 10 日，广东裕美家具有限公司向广东利源木材工业公司采购木料一批，收到增值税专用发票，款项已付，但木料尚未收到，如图 5-6 至图 5-8 所示。

广东增值税专用发票

4408241741　　　　发票联　　　　№ 421061396

全国统一发票监制章 国家税务总局 广东省税务局

开票日期：2019 年 07 月 10 日

购买方	名　　称：广东裕美家具有限公司 纳税人识别号：440103256268024 地址、电话：番禺区东环路 120 号 56327581 开户行及账号：建行东环支行 11682674052					密码区	（略）
货物或应税劳务、服务名称	规格型号	单位	数　量	单　价	金　额	税率	税　额
*林业产品*木条		根	1800	16.00	28800.00	13%	3744.00
*林业产品*木板		块	800	65.00	52000.00	13%	6760.00
合　计					¥80800.00		¥10504.00
价税合计（大写）	⊗玖万壹仟叁佰零肆圆整				（小写）¥91304.00		
销售方	名　　称：广东利源木材工业公司 纳税人识别号：440806835268026 地址、电话：梅州市梅江路 6 号 8835542 开户行及账号：中行梅江支行 18722683058					备注	广东利源木材工业公司 440806835268026 发票专用章

第三联：发票联　购买方记账凭证

收款人：张泽林　　复核：李立华　　开票人：陈红娜　　销售方：（章）

图 5-6　增值税专用发票

电汇凭证(回单)　1　No 006890301

第　号　　　　　　　　　　　　　　委托日期　　年　月　日

<table>
<tr><td rowspan="3">汇款人</td><td>全称</td><td colspan="3"></td><td rowspan="3">收款人</td><td>全称</td><td colspan="10"></td></tr>
<tr><td>账号或住址</td><td colspan="3"></td><td>账号或住址</td><td colspan="10"></td></tr>
<tr><td>汇出地点</td><td></td><td>汇出行名称</td><td></td><td>汇入地点</td><td colspan="5"></td><td>汇入行名称</td><td colspan="4"></td></tr>
<tr><td rowspan="2">金额</td><td colspan="5" rowspan="2">人民币
(大写)</td><td>千</td><td>百</td><td>十</td><td>万</td><td>千</td><td>百</td><td>十</td><td>元</td><td>角</td><td>分</td></tr>
<tr><td></td><td></td><td></td><td></td><td></td><td></td><td></td><td></td><td></td><td></td></tr>
<tr><td colspan="6">汇款用途:</td><td colspan="10" rowspan="2">(汇出行盖章)</td></tr>
<tr><td colspan="6">上列款项已根据委托办理,如需查询,请持此回单来行面谈</td></tr>
</table>

此联汇出行给汇款人的回单

图 5-7　电汇凭证回单

记　账　凭　证

年　月　日　　　　　　　　　　字第　号

摘要	总账科目	明细科目	借方金额										贷方金额										账页或√
			千	百	十	万	千	百	十	元	角	分	千	百	十	万	千	百	十	元	角	分	
附属单证　张		合计																					

会计主管　　　　记账　　　　审核　　　　制单

图 5-8　记账凭证

3. 2019 年 7 月 24 日,广东裕美家具有限公司向广东新林电器有限公司购买除湿器 5 台,如图 5-9 至图 5-12 所示。

广东增值税专用发票

4401041743　　　　发票联　　　　№ 211371301

（印章：全国统一发票监制章　国家税务总局　广东省税务局）

开票日期：2019 年 07 月 24 日

购买方	名　　称：广东裕美家具有限公司 纳税人识别号：440103256268024 地址、电话：番禺区东环路 120 号 56327581 开户行及账号：建行东环支行 11682674052			密码区	（略）		
货物或应税劳务、服务名称	规格型号	单位	数量	单价	金额	税率	税额
*空调产品 *除湿器		台	5	480.00	2400.00	13%	312.00
合　　计					¥2400.00		¥312.00
价税合计（大写）	⊗贰仟柒佰壹拾贰圆整				（小写）¥2712.00		
销售方	名　　称：广东新林电器有限公司 纳税人识别号：440102307267034 地址、电话：广州市建设大道 135 号 86383127 开户行及账号：工行建设支行 11682674892			备注	（印章：广东新林电器有限公司 440102307267034 发票专用章）		

收款人：李晓林　　复核：张立海　　开票人：廖丽娜　　销售方：（章）

第三联：发票联 购买方记账凭证

图 5-9　增值税专用发票

中国建设银行支票存根（粤）

GS 07384065

附加信息

出票日期　　年　月　日

收款人：

金　额：

用　途：

单位主管　　会计

中国建设银行支票（粤）　　GS 07384065

付款期限自出票之日起十天

出票日期（大写）　　年　月　日　　付款行名称：

收款人：　　出票人账号：

人民币（大写）	千	百	十	万	千	百	十	元	角	分

用途　　密码

上列款项请从我账户内支付　　行号

出票人签章　（印章：广东裕美家具有限公司财务专用章）（印章：杨德兴）

复核　　记账

附加信息：	被背书人	被背书人
	背书人签章 年　月　日	背书人签章 年　月　日

（粘贴单处）

根据《中华人民共和国票据法》等法律法规的规定，签发空头支票由中国人民银行处以票面金额 5%但不低于 1000 元的罚款。

图 5-10　支票

低值易耗品入库单

2019 年 7 月 24 日　　　　单位:元

名称及规格	单位	入库数量	单价	金额(元)
除湿器	台	5	480.00	2 400.00

仓库主管:陈德明　　　　验收:李怡华　　　　制单:朱永材

图 5-11　低值易耗品入库单

记　账　凭　证

年　月　日　　　　字第　号

摘　要	总账科目	明细科目	借方金额										贷方金额										账页或√
			千	百	十	万	千	百	十	元	角	分	千	百	十	万	千	百	十	元	角	分	
附属单证　　张		合计																					

会计主管　　　　记账　　　　审核　　　　制单

图 5-12　记账凭证

4. 2019 年 7 月 25 日，广东裕美家具有限公司产品仓库领用除湿器，采用五五摊销法进行成本摊销，如图 5-13 至图 5-16 所示。

低值易耗品出库单

用途:产品仓库用　　　　2019 年 7 月 25 日　　　　单位:元

名称及规格	单位	请领数量	实发数量	单价	金额
除湿器	台	5	5	480.00	2 400.00

仓库主管:陈德明　　　　经手人:刘江华　　　　保管员:朱永材

图 5-13　低值易耗品出库单

低值易耗品摊销计算表

用途:产品仓库用　　　　2019 年 7 月 25 日　　　　单位:元

名称及规格	单位	数量	待摊金额	本期摊销比例	摊销金额
除湿器	台	5	2 400.00	50%	1 200.00

会计主管:范永建　　　　会计:杨东梅　　　　制单:谢丽华

图 5-14　低值易耗品摊销计算表

记　账　凭　证

年　月　日　　　　　　　　字第　号

摘　　要	总账科目	明细科目	借方金额										贷方金额										账页或√
			千	百	十	万	千	百	十	元	角	分	千	百	十	万	千	百	十	元	角	分	
附属单证　　张		合计																					

会计主管　　　　记账　　　　审核　　　　制单

图 5-15　记账凭证

记　账　凭　证

年　月　日　　　　　　　　字第　号

摘　　要	总账科目	明细科目	借方金额										贷方金额										账页或√
			千	百	十	万	千	百	十	元	角	分	千	百	十	万	千	百	十	元	角	分	
附属单证　　张		合计																					

会计主管　　　　记账　　　　审核　　　　制单

图 5-16　记账凭证

第 6 章　固定资产核算

一、判断题

1. 尚未办理竣工决算的自行建造固定资产不需要计提折旧。（　　）

2. 当月减少的固定资产，当月照提折旧，从下月开始不提折旧。（　　）

3. 小企业只能按照年限平均法（直线法）计提固定资产折旧。（　　）

4. “累计折旧”账户属于资产类账户，是“固定资产”账户的备抵调整账户，贷方登记小企业按月计提的固定资产折旧，借方登记处置固定资产转出的累计折旧，期末余额在贷方，表示小企业固定资产的累计折旧。（　　）

5. 经营租赁下，租出的固定资产仍然属于出租方，出租方应将它作为自身的资产在资产负债表中列示，账面不能减少该资产价值。（　　）

6. 小企业按期支付融资租入固定资产租赁费时，应借记“管理费用”账户，贷记“银行存款”账户。（　　）

7. 小企业发生固定资产日常修理费，应根据其受益对象计入相关资产成本或者当期损益。（　　）

8. 小企业盘盈固定资产，应按盘盈固定资产的账面价值（净值），借记“固定资产”账户，贷记“待处理财产损溢——待处理非流动资产损溢”账户。（　　）

9. 小企业在建工程试运行过程中形成的产品、副产品对外销售取得的收入，应记入“主营业务收入”账户。（　　）

10. 按照《小企业会计准则》规定，已提足折旧仍继续使用的固定资产，不再提折旧；未提足折旧而提前报废的固定资产也不需要补提折旧。（　　）

二、选择题

1. 下列需要计提折旧的固定资产是（　　）。

A. 已提足折旧仍然继续使用的固定资产　　B. 以经营租赁方式租入的固定资产

C. 季节性、大修理停用固定资产　　D. 当月增加的固定资产

2. 设备融资租赁与经营租赁的主要不同点是（　　）。

A. 租金的支付方式　　B. 可用于租赁的设备

C. 租赁双方的根本目的　　D. 租赁双方承担义务的约束力

3. 小企业收到并确认出租不需用设备收入时，应借记“银行存款”账户，贷记（　　）账户。

A. “主营业务收入”　　B. “其他业务收入”

C. “营业外收入”　　D. “其他业务成本”

4. 某小企业购入需要安装的设备一台，取得的增值税专用发票上注明的价格为 20 000 元，增值税额为 2 600 元，另支付运杂费 900 元，增值税额 81 元。所有款项已通过银行存款支付。安装过程中用银行存款支付安装费 2 000 元，增值税额 180 元。该固定资产的入账价值为（　　）元。

A. 22 900　　B. 20 900

C. 25 761　　D. 22 000

5. 某项固定资产的账面价值为 120 000 元，预计使用年限 5 年，预计净残值 300 元，采用双倍余额递减法计提折旧，第三年的折旧额为（　　）元。

A. 24 000　　B. 28 800

C. 11 460　　D. 17 280

6. 与年限平均法相比，采用年数总和法对固定资产计提折旧将使（　　）。

A. 计提折旧的初期，企业利润减少，固定资产净值减少

B. 计提折旧的初期，企业利润减少，固定资产原值减少

C. 计提折旧的后期，企业利润减少，固定资产净值减少

D. 计提折旧的后期，企业利润减少，固定资产原值减少

7. 某小企业改造一条生产线。该生产线原始价值为 300 000 元，预计使用年限 6 年。至改造时，该生产线已使用 3 年，已提折旧 200 000 元。在改造过程中，共计发生支出 350 000 元。拆除部分的变价收入 50 000 元。改造完成时，该条生产线的入账价值为（　　）元。

A. 450 000　　B. 400 000

C. 650 000　　D. 700 000

8. 某小企业对生产车间的设备进行修理，修理过程中领用材料一批，其价值为 5 000 元，为购买该批材料支付的增值税进项税额为 650 元；支付维修人员工资 1 000 元，则应（　　）。

A. 贷：制造费用　6 000　　B. 借：制造费用　6 000

C. 借：制造费用　6 650　　D. 贷：制造费用　6 650

9. 某小企业年底财产清查时，发现丢失一台笔记本电脑，原价 10 000 元，已计提折旧 3 000 元，经查未果，转销时应记（　　）。

A. 借：累计折旧　7 000

B. 借：营业外支出　7 000

C. 贷：待处理财产损溢——待处理非流动资产损溢　10 000

D. 贷：固定资产　7 000

10. 某小企业出售一台机器设备，该机器原价为 40 000 元，已计提折旧 20 000 元，支付清理费用 1 500 元，收取不含税价款 25 000 元，增值税税率 13%。款项已存入银行。出售该资产的净损益为（　　）元。

A. +3 500　　B. +5 000　　C. −1 500　　D. −3 500

三、会计核算题

1. 某小企业一项固定资产原值为 300 000 元，预计使用年限为 5 年，预计净残值率为 5%。试分别采用年限平均法、双倍余额递减法和年数总和法计算第二年和第五年的折旧额。

2. 某小企业为增值税一般纳税人，发生如下经济业务，请编制相关会计分录。

(1) 2015 年 12 月 5 日，购买一台需要安装的生产设备，取得增值税专用发票，注明价款 500 000 元，增值税额 85 000 元；支付运杂费 3 000 元，增值税额 330 元，均以银行存款支付。

(2) 以上设备安装过程中，领用生产用材料 20 000 元，购进该批材料时支付的增值税额为 3 400 元；支付安装人员工资 5 000 元。

(3) 以上设备安装完工，验收合格并交付使用。

(4) 该设备预计使用 10 年，净残值率为 5%，该企业采用年限平均法计提折旧。试计算每年的折旧额，并编制会计分录。

(5) 该设备于交付使用后第 5 年年末出售，收到价款 320 000 元，增值税额 41 600 元，款项已存入银行，用银行存款支付清理费 2 000 元(适用增值税税率 9%)。

3. 某小企业为增值税一般纳税人，发生如下经济业务，请编制相关会计分录。

（1）2018 年 12 月 1 日，购入一条需要安装的生产线，取得增值税专用发票，注明价款为 800 000 元，增值税额为 128 000 元；发生运杂费 80 000 元，增值税额 8 000 元，款项均已银行存款支付。

（2）企业以自营方式安装以上生产线，安装期间领用本企业生产的产品，该产品成本为 40 000 元，计税价格为 50 000 元，增值税税率为 16%；发生安装工人工资 2 400 元。（说明：自 2016 年 5 月 1 日起，企业领用自产产品用于固定资产建设，直接按产品成本结转）

（3）2018 年 12 月 30 日，该生产线竣工，并在当日投入使用。

（4）该生产线使用年限为 9 年，预计净残值为 22 400 元，采用平均年限法计提折旧。试计算每年的折旧额，并编制会计分录。

（5）2020 年 12 月 30 日，该生产线出现重大故障，企业决定对其进行大修理。当日，该生产线停止使用，并开始进行修理。在修理过程中，领用工程物资 35 000 元；应付在建工程人员职工薪酬 12 000 元；支付银行存款 8 000 元。2021 年 3 月 31 日，修理工程完工，验收合格并于当日投入使用。预计此次修理使得该生产线的使用寿命延长 3 年。

4. 2019 年 8 月，某小企业为自建一栋厂房，购入厂房所需物资 400 000 元，增值税额 52 000 元，全部用于厂房建设；领用生产用材料一批，成本 60 000 元；领用本企业生产水泥一批，实际成本 100 000 元，税务部门计税价格 120 000 元，增值税税率 13%，分配工程人员工资 120 000 元，工程完工投入使用，支付施工管理费 40 000 元，增值税税率 9%。

5. 2019 年 6 月 12 日，某小企业准备自行建造一座厂房，购入一批工程物资，价款 5 000 000元，增值税额 650 000 元，款项以银行存款支付。6～12 月，建造厂房过程中，领用工程物资 4 800 000 元(不含增值税)；应分摊的工资费用 50 000 元。该厂房于 12 月 25 日竣工结算，剩余工程物资转为该企业的原材料。

6. 2019 年 8 月 15 日，某小企业对一台生产设备进行报废处理，该设备原值6 000 000元，已计提折旧5 000 000元。报废时，支付清理费用5 000元，增值税税率为 9%，收到保险公司的赔偿款200 000元和清理残料变卖收入100 000元(适用增值税税率 13%)，款项已存入银行。

四、会计实操题(要求完成未填好的原始凭证，填制记账凭证)

1. 2019 年 8 月 22 日，广东裕美家具有限公司向广州福林机械有限公司购买锯木机一台，收到增值税专用发票一张，款项已承付，如图 6-1 至图 6-4 所示。

广东增值税专用发票

4401541282　　　　　　　　№ 425363051

全国统一发票监制章 国家税务总局 广东省税务局

发票联

开票日期：2019 年 08 月 22 日

购买方	名　　称：广东裕美家具有限公司 纳税人识别号：440103256268024 地址 、 电话：番禺区东环路 120 号 56327581 开户行及账号：建行东环支行 11682674052	密码区	(略)

货物或应税劳务、服务名称	规格型号	单位	数量	单价	金额	税率	税额
*通用设备*锯木机		台	1	86000.00	86000.00	13%	11180.00
合　计					¥86000.00		¥11180.00
价税合计(大写)	⊗玖万柒仟壹佰捌拾圆整				(小写) ¥97180.00		

销售方	名　　称：广州福林机械有限公司 纳税人识别号：440103568268028 地址 、 电话：芳村区芳村大道 2 号 83682585 开户行及账号：工行芳村支行 11629413054	备注	广州福林机械有限公司 440103568268028 发票专用章

收款人：刘丽纯　　复核：陈丽芬　　开票人：林娜　　销售方：(章)

第三联：发票联 购买方记账凭证

图 6-1　增值税专用发票

中国建设银行支票存根（粤）

GS 07384052

附加信息

出票日期　　年　月　日

收款人：

金　额：

用　途：

单位主管　　会计

中国建设银行支票（粤）　　GS 07384052

付款期限自出票之日起十天

出票日期（大写）　　年　月　日　付款行名称：

收款人：　　出票人账号：

人民币（大写）	千	百	十	万	千	百	十	元	角	分

用途

密码

上列款项请从

我账户内支付

出票人签章

行号

广东裕美家具有限公司财务专用章

杨德兴

复核　　记账

附加信息：	被背书人	被背书人
	背书人签章 年　月　日	背书人签章 年　月　日

（粘贴单处）

根据《中华人民共和国票据法》等法律法规的规定，签发空头支票由中国人民银行处以票面金额 5%但不低于 1000 元的罚款。

图 6-2　支票

固定资产验收单

验收日期 2019 年 8 月 22 日　　编号：00501

固定资产管理部门	项目名称	锯木机	电动机			
	型号		总功率			
	规格		出厂编号		出厂日期	2019.08.22
	制造厂	福林机械公司	自重量		始用日期	2019.08.22
	尺寸		使用部门	家具车间	施工工号	
	随机附件					
	名称	型号规格	数量	名称	型号规格	数量
	说明书		装箱单		图纸	
	合格证		精度单		资料验收人	
	设备类别			使用年限		
	精度等级			分类划级		
财务部门	设备费用	¥86 000.00		安装及其他费用		
	原值合计	¥86 000.00		资产来源	购入	
验收意见	验收合格 验收人：李怡华					
部门签名	使用部门	周利元	固定资产管理部门	陈德明	财务部门	范永建

图 6-3　固定资产验收单

记 账 凭 证

年 月 日 　　　　　　　　字第 号

摘要	总账科目	明细科目	借方金额										贷方金额										账页或√
			千	百	十	万	千	百	十	元	角	分	千	百	十	万	千	百	十	元	角	分	
附属单证 张		合计																					

会计主管 　　　记账 　　　审核 　　　制单

图 6-4 记账凭证

2. 2019 年 8 月 31 日，广东裕美家具有限公司计提本月固定资产折旧，如图 6-5 和图 6-6 所示。

折旧计算表

2019 年 8 月 31 日 　　　　　　　　单位：元

固定资产类型	固定资产价值	月折旧率	月折旧额
生产用固定资产	3 168 000.00	0.75%	23 760.00
非生产用固定资产	1 094 000.00	0.65%	7 111.00
合计	4 262 000.00	—	30 871.00

会计主管：范永建 　　　复核：杨东梅 　　　制表：谢丽华

图 6-5 折旧计算表

记 账 凭 证

年 月 日 　　　　　　　　字第 号

摘要	总账科目	明细科目	借方金额										贷方金额										账页或√
			千	百	十	万	千	百	十	元	角	分	千	百	十	万	千	百	十	元	角	分	
附属单证 张		合计																					

会计主管 　　　记账 　　　审核 　　　制单

图 6-6 记账凭证

第 7 章 无形资产核算

一、判断题

1. 小企业出售无形资产和出租无形资产取得的收益，均应计入其他业务收入。（　　）

2. 如果合同没有规定受益年限，法律也没有规定有效年限的无形资产，其摊销年限不应超过 5 年。（　　）

3. 小企业利用土地建造某自用项目时，应将土地使用权的账面价值转入在建工程成本。（　　）

4. 无形资产成本在取得的当月不进行摊销，从下月开始进行摊销。（　　）

5. 小企业无形资产的摊销可采用平均年限法或者五五摊销法。（　　）

6. 无形资产开发阶段的支出全部计入无形资产的成本。（　　）

7. 无形资产的摊销直接贷记“无形资产”账户。（　　）

8. 因技术进步、政策环境等原因所持有的无法为企业带来经济利益流入而报废的专利权，应计入管理费用。（　　）

9. 无形资产在取得当月开始摊销，处置的当月不再摊销。（　　）

10. 小企业自创商誉不可作为无形资产入账。（　　）

二、单选题

1. 投资者投入的无形资产，应按照（　　）作为实际成本。

A. 账面价值和相关税费　　B. 摊余价值

C. 评估价值和相关税费　　D. 摊余价值和相关税费

2. 小企业出租无形资产取得的收入，应当计入（　　）。

A. 主营业务收入　　B. 其他业务收入

C. 投资收益　　D. 营业外收入

3. 小企业处置无形资产取得的收益，应当计入（　　）。

A. 主营业务收入　　B. 其他业务收入

C. 投资收益　　D. 营业外收入

4. 某小企业出售一项 3 年前取得的专利权，该专利权取得时的成本为 40 万元，按 10 年摊销，出售时取得收入 40 万元，适用增值税税率 6%。不考虑城市维护建设税和教育费附加，则出售该项专利时影响当期的损益为（　　）万元。

A. 12　　B. 9.6　　C. 30　　D. 32

5. 无形资产出租每月应摊销的成本计入（　　）。

A. 销售费用　　B. 制造费用　　C. 管理费用　　D. 其他业务成本

6. 小企业出售无形资产发生的净损失,应当计入(　　)。

A. 主营业务成本　　B. 其他业务成本

C. 管理费用　　D. 营业外支出

7. 某小企业研制一项新技术,开始并无成功把握,该企业在此项研究过程中发生研究费用70 000元。研究成功后申请获得专利权,在申请专利的过程中发生的专利登记费30 000元,律师费8 000元,增值税额480元。该项专利权的入账价值为(　　)元。

A. 70 000　　B. 100 000　　C. 108 000　　D. 38 000

8. 按照《小企业会计准则》规定,下列各项中,应作为小企业无形资产入账的是(　　)。

A. 开办费　　B. 为获得土地使用权支付的土地出让金

C. 广告费　　D. 开发新技术过程中发生的研究费

9. 关于小企业自行研究开发项目的支出,下列说法中不正确的是(　　)。

A. 应当区分研究阶段支出和开发阶段支出

B. 开发阶段符合资本化条件的支出,于发生时记入"研发支出——资本化支出"账户

C. 研究阶段的支出,应当于发生时记入"管理费用"账户

D. 开发阶段未满足资本化条件的支出,在研发支出结转时记入"管理费用"账户

10. 下列关于无形资产会计处理的表述中,正确的是(　　)。

A. 将自创的商誉确认为无形资产

B. 将已转让所有权的无形资产的账面价值计入其他业务成本

C. 将预期不能为企业带来经济利益的无形资产账面价值计入管理费用

D. 将以支付土地出让金方式取得的自用土地使用权单独确认为无形资产

三、多选题

1. 无形资产具有的特征是(　　)。

A. 不具有实物形态　　B. 属于非货币性资产

C. 具有可辨认性　　D. 持有的目的是为了出售

2. 无形资产通常包括(　　)。

A. 专利权与非专利技术　　B. 商标权与著作权

C. 土地使用权　　D. 商誉

3. 转让无形资产的所有权时,其核算可能与下列(　　)账户有关。

A. "其他业务收入"　　B. "营业外收入"　　C. "累计摊销"　　D. "无形资产"

4. 下列关于内部研究开发无形资产所发生支出的会计处理中,正确的有(　　)。

A. 将研究阶段的支出在月末计入当期管理费用

B. 若无法区分研究阶段和开发阶段支出,应将发生的全部研发支出费用化

C. 研究阶段的支出,其资本化的条件是能够单独核算

D. 开发阶段的支出在满足资本化条件时,允许确认为无形资产

5. 下列各项中,月末不会引起无形资产账面价值发生增减变动的有(　　)。

A. 企业自行研究开发项目研究阶段发生的支出

B. 摊销无形资产成本

C. 企业自行研究开发项目开发阶段发生的支出满足无形资产确认条件

D. 企业自行研究开发项目开发阶段发生的支出不满足无形资产确认条件

6. 下列各项中，月末不会引起“无形资产”账户余额发生增减变动的有（　　）。

A. 企业自行研究开发项目研究阶段发生的支出

B. 摊销无形资产成本

C. 企业自行研究开发项目开发阶段发生的支出满足无形资产确认条件

D. 企业自行研究开发项目开发阶段发生的支出不满足无形资产确认条件

7. 小企业应按月计提无形资产摊销，按照无形资产的受益对象计入相关资产成本或当期损益，其不可采用的摊销方法有（　　）。

A. 年限平均法　　B. 产量法

C. 双倍余额递减法　　D. 年数总和法

8. 应计入无形资产成本的支出有（　　）。

A. 购入专利权发生的支出

B. 购入非专利技术发生的支出

C. 研究开发新技术发生的研究支出

D. 研究开发新技术发生的可以资本化的开发支出

四、会计核算题

1. 2019 年 6 月 1 日，某小企业开始自行研究开发一项专利技术，在研究开发过程中，发生材料费10 000元，人工费20 000元，以及用银行存款支付其他费用6 000元，其中符合资本化条件的支出为2 000元。10 月 30 日，专利技术研发成功，向专利局注册，支付专利注册登记及手续费20 000元，律师咨询费6 000元、增值税额 360 元。

2. 2019 年 7 月 2 日，某小企业出售一项专利技术，该专利技术成本为450 000元，已摊销150 000元，出售中实际取得收入350 000元、增值税额21 000元，款项已存入银行。

3. 2019 年 7 月 4 日，某小企业向林桦公司出租一项专利权，当月 15 日收到出租收入8 000元、增值税额 480 元，存入银行。该项专利权 7 月应计摊销额1 600元。

4. 某小企业一项专利技术预计不能为小企业带来经济利益,该企业决定转销其成本,该专利账面成本为 63 500 元,已计提摊销额 52 640 元。

5. 2019 年 3 月 1 日,某小企业开始自行研发一项新工艺,3～6 月每月发生的各项研究开发费用均为 40 万元,其中,领用原材料 20 万元,人工费用 16.6 万元,以银行存款支付费用 3.4 万元;6 月 30 日,研究成功,进入开发阶段,发生开发人员工资 120 万元,福利费 30 万元,另以银行存款支付有关费用 25 万元,假设开发阶段的支出有 60%满足资本化条件;7 月 31 日,该企业自行开发成功该项新工艺,8 月 1 日,依法申请了专利,以银行存款支付注册费 3 万元,律师费 5 万元,增值税额 0.3 万元,并投入使用。

要求:

(1) 编制 6 月份有关研发支出的会计分录。

(2) 编制 7 月份有关研发支出的会计分录。

(3) 编制 8 月份有关研发支出的会计分录。

五、会计实操题(要求完成未填好的原始凭证,填制记账凭证)

1. 2019 年 7 月 31 日,广东裕美家具有限公司计提本月无形资产摊销额,如图 7-1 和图 7-2 所示。

无形资产摊销计算表

2019 年 7 月 31 日　　　　单位:元

项目	取得时间	入账价值	摊销年限	摊销方法	月摊销额	累计摊销
沙发设计专利	2016.10.01	93 600.00	5	直线法	1 560.00	53 040.00
办公桌设计专利	2017.10.16	64 000.00	5	直线法	1 060.00	36 040.00
商标权	2017.08.05	180 000.00	8	直线法	1 875.00	45 000.00
办公桌设计专利	2018.03.10	36 600.00	5	直线法	610.00	10 370.00
沙发专利权	2018.10.14	360 000.00	8	直线法	3 750.00	37 500.00
合计	—	¥734 200.00	—	—	¥8 855.00	¥181 950.00

会计主管:范永建　　　　会计:杨东梅　　　　制单:谢丽华

图 7-1　无形资产摊销计算表

记 账 凭 证

年　月　日　　　　　　　　　　　　字第　号

摘　要	总账科目	明细科目	借方金额										贷方金额										账页或√
			千	百	十	万	千	百	十	元	角	分	千	百	十	万	千	百	十	元	角	分	
附属单证　　张		合计																					

会计主管　　　　记账　　　　审核　　　　制单

图 7-2　记账凭证

2. 2019 年 8 月 2 日，广东裕美家具有限公司向广州市家具设计研究所购入设计专利权一项，收到增值税专用发票一张，款项已承付，如图 7-3 至图 7-6 所示。

广东增值税专用发票

4401045346　　　　　　　　　　No 231308141

国家税务总局 广东省税务局

发票联

开票日期：2019 年 08 月 02 日

购买方	名　　称：广东裕美家具有限公司 纳税人识别号：440103256268024 地址 、 电话：番禺区东环路 120 号 56327581 开户行及账号：建行东环支行 11682674052				密码区	（略）	
货物或应税劳务、服务名称	规格型号	单位	数　量	单　价	金　额	税率	税　额
*无形资产*家具设计专利权		项	1	80000.00	80000.00	6%	4800.00
合　计					¥80000.00		¥4800.00
价税合计（大写）	⊗捌万肆仟捌佰圆整				（小写）¥84800.00		
销售方	名　　称：广州市家具设计研究所 纳税人识别号：440106868220521 地址 、 电话：广州中山一路 102 号 86695556 开户行及账号：工行中山支行 16534163984				备注	广州市家具设计研究所 440106868220521 发票专用章	

第三联：发票联　购买方记账凭证

收款人：　　　复核：　　　开票人：徐成欣　　　销售方：（章）

图 7-3　专利权转让增值税发票

无形资产入账单

2019 年 8 月 2 日

名称	使用部门	单位	数量	资产情况		
				预计使用年限	原值(元)	取得方式
家具设计专利权		项	1	5	80 000.00	购入

会计主管:范永建　　会计:杨东梅　　制单:谢丽华

图 7-4　无形资产入账单

中国建设银行支票存根(粤)
GS 07384060
附加信息
出票日期　年　月　日
收款人:
金　额:
用　途:
单位主管　会计

付款期限自出票之日起十天

中国建设银行支票(粤)　GS 07384060

出票日期(大写)　年　月　日　付款行名称:
收款人:　出票人账号:

人民币(大写)	千	百	十	万	千	百	十	元	角	分

用途______　密码______
上列款项请从　行号______
我账户内支付
出票人签章

广东裕美家具有限公司财务专用章　杨德兴

复核　记账

附加信息:	被背书人	被背书人
	背书人签章 年　月　日	背书人签章 年　月　日

(粘贴单处)

根据《中华人民共和国票据法》等法律法规的规定，签发空头支票由中国人民银行处以票面金额 5%但不低于 1000 元的罚款。

图 7-5　支票

记　账　凭　证

年　月　日　　　　　　　　　　　　字第　号

摘　要	总账科目	明细科目	借方金额										贷方金额										账页或√
			千	百	十	万	千	百	十	元	角	分	千	百	十	万	千	百	十	元	角	分	
附属单证　张		合计																					

会计主管　　　　记账　　　　审核　　　　制单

图 7-6　记账凭证

第 8 章　生物资产核算

一、判断题

1. 生物资产是指与农业生产相关的有生命的动物和植物。（　　）

2. 消耗性生物资产通常是一次性消耗并终止其服务能力或未来经济利益，在一定程度上具有存货的特征，应当作为存货在资产负债表中列报。（　　）

3. 生产性生物资产具有能够在生产经营中长期、反复使用，从而不断产出农产品或者长期役用的特征。（　　）

4. 可以计入自行栽培大田作物、蔬菜的成本包括直接材料、直接人工以及其他直接费用。（　　）

5. 林木类消耗性生物资产郁闭前和郁闭后发生的支出都应该费用化。（　　）

6. 小企业按月计提成熟生产性生物资产的折旧，应计入当期损益。（　　）

7. 从生产性生物资产上收获农产品的过程中发生的应分摊的间接费用，应计入相关农产品的生产成本。（　　）

8. 小企业因对外投资处置生产性生物资产取得的净收益应计入投资收益。（　　）

9. 小企业持有的生产性生物资产在其使用寿命期内应当选择“年数总和法”计提折旧。（　　）

10. 因生产性采伐而补植林木类生产性生物资产发生的后续支出，应计入生产性生物资产的成本。（　　）

二、选择题

1. 某小企业下属的非独立核算的 A 养猪场从外地购买 60 头专门用于繁育仔猪的优良种猪，支付对方货款总计90 000元，沿途缴纳相关管理费用1 000元，专程租赁运输公司运费2 000元（尚未支付），同时还支付了可直接归属于购买该资产的其他支出1 500元。判断该生物资产的类型，并确认其初始成本为（　　）元。

A. 消耗性生物资产　93 500　　B. 生产性生物资产　93 500

C. 消耗性生物资产　92 500　　D. 生产性生物资产　92 500

2. 下列各项中，属于消耗性生物资产的是（　　）。

A. 奶牛　　B. 果树　　C. 肉鸡　　D. 种禽

3. 2019 年 6 月，某养殖小企业将 1 000 头种猪转为育肥猪，此批种猪的账面原价为500 000 元，已计提折旧 200 000 元。则以下账务处理正确的是（　　）。

A. 借：消耗性生物资产——育肥猪　　500 000

　　贷：生产性生物资产——成熟生产性生物资产　　500 000

B. 借：消耗性生物资产——育肥猪　　200 000
　　贷：生产性生物资产——成熟生产性生物资产　　200 000

C. 借：消耗性生物资产——育肥猪　　500 000
　　贷：生产性生物资产累计折旧　　200 000
　　　　生产性生物资产——成熟生产性生物资产　　300 000

D. 借：消耗性生物资产——育肥猪　　300 000
　　　　生产性生物资产累计折旧　　200 000
　　贷：生产性生物资产——成熟生产性生物资产　　500 000

4. 2019 年 6 月 1 日，小企业 B 从市场上购入小鸡苗 5 000 只，单价为 1.4 元，此外发生运输费 300 元，保险费 200 元，装卸费 200 元，价款全部以银行存款支付。该生物资产的初始成本应为(　　)元。

A. 7 700　　B. 7 500　　C. 7 400　　D. 7 000

5. 应计提折旧的生物资产是(　　)。

A. 生产性生物资产　　B. 消耗性生物资产

C. 成熟生产性生物资产　　D. 未成熟生产性生物资产

6. 生物资产按照价值转移方式，可以分为(　　)。

A. 消耗性生物资产与成熟生产性生物资产

B. 生产性生物资产与成熟生产性生物资产

C. 消耗性生物资产与生产性生物资产

D. 未成熟生产性生物资产与成熟生产性生物资产

7. 甲小企业用一台拖拉机翻耕土地 200 公顷用于小麦和玉米种植，其中，120 公顷种植玉米，80 公顷种植小麦。该拖拉机原值为 85 000 元，预计净残值为 5 000 元，按照工作量法计提折旧，预计可以翻耕土地 8 000 公顷。下列账务处理，正确的是(　　)。

A. 借：消耗性生物资产　　2 000
　　贷：累计折旧　　2 000

B. 借：农产品——玉米　　1 200
　　　　　　——小麦　　800
　　贷：累计折旧　　2 000

C. 借：生产性生物资产——玉米　　1 200
　　　　　　　　　　——小麦　　800
　　贷：累计折旧　　2 000

D. 借：消耗性生物资产——玉米　　1 200
　　　　　　　　　　——小麦　　800
　　贷：累计折旧　　2 000

8. 下列有关生物资产的说法中，正确的是(　　)。

A. “生产性生物资产累计折旧”账户，核算小企业成熟生产性生物资产的累计折旧

B. 消耗性生物资产和生产性生物资产持有的目的都是为了出售

C. 小企业应当自生产性生物资产投入使用月份的当月起按月计提折旧

D. 生产性生物资产发生的管护、饲料费用等后续支出应当予以资本化

9. 下列关于生产性生物资产折旧的说法中,正确的是(　　)。

A. "生产性生物资产累计折旧"账户应按生产性生物资产的种类、群别等设置明细分类账,进行明细分类核算

B. 影响生产性生物资产折旧的因素包括成熟生产性生物资产原值和预计净残值

C. 小企业持有的生产性生物资产在其使用寿命期内应当选择"年数总和法"计提折旧

D. 小企业按月计提成熟生产性生物资产的折旧,应记入"生产成本"账户

10. 2017 年 4 月,甲农业小企业 15 头种猪开始产仔,种猪的账面价值为 36 000 元,2019 年 9 月,将这 15 头种猪作价 25 000 元出售。甲农业小企业按照 3 年对种猪计提折旧,采用小企业会计准则核算。下列说法中,不正确的是(　　)。

A. 处置该生产性生物资产时应计提资产减值损失 11 000 元

B. 至 2019 年 9 月累计计提折旧 29 000 元

C. 2017 年 4～2019 年 9 月,每月计提折旧额 1 000 元

D. 处置该生产性生物资产的营业外收入为 18 000 元

三、会计核算题

A 小企业属于农业小企业,2019 年下半年发生如下经济业务,请编制相关会计分录。

1. 8 月发生种猪的饲养费如下:领用饲料 1 000 千克,计 2 000 元,应付饲养人员工资 5 000 元,以现金支付防疫费 800 元。

2. 9 月 1 日,从市场上一次性购买 6 头种牛、15 头种猪和 600 头猪苗,单价分别为 4 000元、1 400元、250 元,支付的价款共计195 000元。此外,发生的运输费为4 500元、保险费3 000元、装卸费2 250元,款项全部以银行存款支付。

3. 10 月 20 日,将育成的仔猪 60 头出售给丁食品加工厂,价款总额为 35 000 元,货款尚未收到。出售仔猪的账面价值为 28 000 元。

4. 11 月 10 日，死亡 2～4 个月的幼猪 3 头，其账面余额 300 元，原因待查；11 月 16 日，经查明，这 3 头幼猪是因为体弱被其他幼猪踩死的。

5. 12 月 12 日，将 80 头种猪转为育肥猪，该批种猪的账面原值为 600 000 元，已计提折旧为 200 000 元。

四、会计实操题（要求完成未填好的原始凭证，填制记账凭证）

1. 2019 年 8 月 8 日，广东精元农业有限公司（法定代表人为李国成）向广州新成食品有限公司销售生猪 50 头，开出增值税普通发票，货款已收到，如图 8-1 至图 8-5 所示。

广东增值税普通发票

4401381265　　　　　　　　　　　　№ 214523031

此联不作报销、扣税凭证使用

广东省税务局

开票日期：2019 年 08 月 08 日

购买方	名　　称：广州新成食品有限公司 纳税人识别号：440106256268385 地址 、 电话：番禺区西丽路 62 号 56367542 开户行及账号：农行西丽支行 11682674124	密码区	（略）

货物或应税劳务、服务名称	规格型号	单位	数　量	单　价	金　额	税率	税　额
*农产品*生猪		头	50	1500.0	75000.00	***	***
合　计					¥75000.00	***	***
价税合计（大写）	⊗柒万伍仟圆整				（小写）¥75000.00		

销售方	名　　称：广东精元农业有限公司 纳税人识别号：440103568263542 地址 、 电话：增城区小楼镇新庄 32637584 开户行及账号：建行小楼支行 11606396204	备注	

第一联：记账联　销售方记账凭

收款人：张佳纯　　复核：李丽芬　　开票人：尚晓娜　　销售方：（章）

图 8-1　增值税普通发票

产品出库单

2018年8月8日　　　　第01001号

产品名称	规格	型号	单位	数量	单位成本	金额(元)
生猪			头	50		

仓库主管:陈丽颖　　　　复核:李红梅　　　　制单:梁晓芳

图8-2　产品出库单

中国农业银行支票(粤)

GS 03124021

付款期限自出票之日起十天

出票日期(大写)贰零壹玖年捌月零捌日　　　　付款行名称:农行西丽支行

收款人:广东精元农业有限公司　　　　出票人账号:11682674124

人民币(大写)	千	百	十	万	千	百	十	元	角	分
柒万伍仟元整			¥	7	5	0	0	0	0	0

用途　支付货款

上列款项请从

我账户内支付

出票人签章

广州新成食品有限公司财务专用章　　陈家成

密码

行号

复核　　记账

附加信息:	被背书人:	被背书人:
	背书人签章 年　月　日	背书人签章 年　月　日

图8-3　转账支票

中国建设银行**进账单**（回　单）　　1

年　　月　　日

出票人	全　称		收款人	全　称												
	账　号			账　号												
	开户银行			开户银行												
金额	人民币（大写）					亿	千	百	十	万	千	百	十	元	角	分
票据种类		票据张数														
票据号码																
复核　　记账			开户银行盖章													

此联是开户银行交给持(出)票人的回单

图 8-4　银行进账单

记　账　凭　证

年　月　日　　　　字第　号

摘　　要	总账科目	明细科目	借方金额										贷方金额										账页或√
			千	百	十	万	千	百	十	元	角	分	千	百	十	万	千	百	十	元	角	分	
附属单证　　张		合计																					

会计主管　　　　记账　　　　审核　　　　制单

图 8-5　记账凭证

2. 2019 年 8 月 16 日，广东精元农业有限公司向广东护农饲料有限公司采购饲料一批，收到增值税专用发票，款项已付，但饲料尚未收到，如图 8-6 至图 8-8 所示。

广东增值税普通发票

4408241298　　　　　　发票联（国家税务总局广东省税务局）　　　　　　№ 261061315

开票日期：2019 年 08 月 16 日

购买方	名称：广东精元农业有限公司 纳税人识别号：440103568263542 地址、电话：增城区小楼镇新庄 32637584 开户行及账号：建行小楼支行 11606396204				密码区	（略）	
货物或应税劳务、服务名称	规格型号	单位	数量	单价	金额	税率	税额
*动物饲料*饲料		千克	1800	5.00	9000.00	9%	810.00
合计					¥9000.00		¥810.00
价税合计（大写）	⊗玖仟捌佰壹圆整				（小写）¥9810.00		
销售方	名称：广东护农饲料有限公司 纳税人识别号：440806835268135 地址、电话：梅州市梅江路 25 号 8835632 开户行及账号：建行梅江支行 18722683146				备注	广东护农饲料有限公司 440806835268135 发票专用章	

收款人：李泽林　　复核：张丰华　　开票人：陈丽红　　销售方：（章）

第二联：发票联　购买方记账凭证

图 8-6　增值税普通发票

电汇凭证（回单）　　1　　No 006890301

第　　号　　　　委托日期　　年　月　日

汇款人	全称			收款人	全称										
	账号或住址				账号或住址										
	汇出地点	汇出行名称			汇入地点		汇入行名称								
金额	人民币（大写）				千	百	十	万	千	百	十	元	角	分	
汇款用途：															
上列款项已根据委托办理，如需查询，请持此回单来行面谈					（汇出行盖章）										

此联汇出行给汇款人的回单

图 8-7　电汇凭证回单

记 账 凭 证

年　月　日　　　　　　　　　　字第　号

摘要	总账科目	明细科目	借方金额										贷方金额										账页或√
			千	百	十	万	千	百	十	元	角	分	千	百	十	万	千	百	十	元	角	分	
附属单证　张		合计																					

会计主管　　　　记账　　　　审核　　　　制单

图 8-8　记账凭证

第 9 章　应付款项核算

一、判断题

1. 应付账款一般应按实际应付金额(即发票等结算凭证记载的金额)计价入账。(　　)

2. "应付账款"是负债类账户,因此,"应付账款"账户不会出现借方余额。(　　)

3. 小企业无力支付的到期银行承兑汇票款,应将应付票据的账面余额转作应付账款。(　　)

4. 存在商业折扣的购货,小企业应按不扣除商业折扣的金额计价入账。(　　)

5. 在材料、商品等物资和发票等结算凭证同时到达的情况下,应付账款一般在发票等结算凭证收到后,根据发票等结算凭证所列金额入账。(　　)

6. 应付商业承兑汇票到期,如小企业无力支付票据款,应将应付票据的账面余额转作短期借款。(　　)

7. 应付票据是指小企业因购买材料、商品和接受劳务供应等日常生产经营活动而开出、承兑的商业承兑汇票。(　　)

8. 小企业应设置"长期应付款"账户,核算小企业长期应付款的发生、偿还和结存情况。(　　)

9. "其他应付款"账户应按其他应付款项的种类和对方单位(或个人)设置明细分类账,进行明细分类核算。(　　)

10. "长期应付款"账户应按照长期应付款的种类和债权人进行明细账户核算。(　　)

二、单选题

1. 应付账款如果存在现金折扣,则其入账价值是(　　)。

A. 合同金额　　B. 发票金额
C. 发票金额扣除可能存在的折扣　　D. 存货买价扣除增值税

2. 小企业在折扣期内付款而获得现金折扣,应在偿付应付账款时冲减(　　)。

A. 应付账款　　B. 管理费用　　C. 财务费用　　D. 营业外支出

3. 应付商业承兑汇票到期,如果小企业无力支付票据款,应将应付票据的账面余额转作(　　)。

A. 应收账款　　B. 预收账款　　C. 应付账款　　D. 其他应付款

4. 材料、商品等物资和发票账单同时到达的情况下,应付账款的入账时间为(　　)。

A. 材料、商品等物资到达时　　B. 发票账单到达时
C. 销货方发出材料、商品等物资时　　D. 材料、商品等物资验收入库后

5. 小企业开出商业承兑汇票抵付应付账款时,应借记(　　)账户。

A. “应付票据” B. “预付账款” C. “其他应付款” D. “应付账款”

6. 银行承兑汇票到期无法偿付时，债务企业应进行的账务处理是（ ）。

A. 转作短期借款 B. 转作应付账款

C. 转作其他应付款 D. 不进行账务处理

7. 采用预收货款方式销售商品且会计上单设“预收账款”账户核算，当收到购货单位补付的货款时，应当（ ）。

A. 贷记“应收账款”账户 B. 贷记“预付账款”账户

C. 贷记“预收账款”账户 D. 借记“预收账款”账户

8. 委托加工的应税消费品收回后准备直接出售，关于受托方代收代缴的消费税，委托方应做的处理是（ ）账户。

A. 借记“在途物资” B. 借记“委托加工物资”

C. 借记“应交税费——应交消费税” D. 借记“库存商品”

9. 如果应付账款由于债权单位撤销或其他原因而使小企业无法支付，这笔无法支付的应付款项，应作为小企业的（ ）。

A. 冲减财务费用 B. 资本公积

C. 冲减管理费用 D. 营业外收入

10. 下列项目中，可以通过“长期应付款”账户核算的是（ ）。

A. 融资租入固定资产的应付款

B. 经营租入固定资产应付的租赁费

C. 为购建固定资产向银行借入的超过 1 年的款项

D. 为购买材料而向银行借入的 1 年以下的款项

三、会计核算题

1. 2019 年 6 月 1 日，某小企业购入一批原材料，价款为 100 000 元，增值税额 13 000 元，当日开出一张为期 3 个月、面值为 113 000 元的银行承兑汇票给对方，银行承兑汇票的手续费按面值的 0.5%收取。9 月 1 日汇票到期，小企业以支票支付。

2. 2019 年 6 月 15 日，某小企业收购免税农产品一批，价款为 200 000 元，款项以转账支票支付。收购农产品已验收入库。该小企业按实际成本法进行材料日常核算，增值税扣除率为 9%。

3. 甲公司为一般纳税人，2019 年 8 月发生如下经济业务，请编制相关会计分录。

(1) 2 日，向百利公司采购 A 材料，增值税专用发票上注明价款 900 000 元，增值税额 117 000元，另支付运费 2 000 元，增值税额 180 元，发票账单已经到达，材料已验收入库，款项已通过银行支付。

(2) 7 日，销售 B 产品 5 000 件，单价 200 元，单位成本 150 元；该产品增值税税率为 13%，消费税税率为 10%。产品已发出，已办妥托收手续。

(3) 10 日，收购农产品一批，实际支付价款 80 000 元，农产品已验收入原材料库，增值税扣除率为 9%。

(4) 15 日，委托永利公司加工一批物资，发出材料成本 100 000 元，加工费用 25 000 元。加工过程中发生增值税 3 250 元，消费税 2 500 元，由受托单位代收代缴。物资加工完毕并验收入产成品库，准备直接对外销售。加工费用和应缴的增值税、消费税已通过银行与永利公司结算。

(5) 17 日，购入设备一台，增值税专用发票注明价款 180 000 元，增值税额 23 400 元；协议规定公司按不含税价款享有现金折扣条件为(2/10, 1/20, n/30)，另以银行存款支付运费 2 000 元，增值税额 180 元，设备已投入使用。

(6) 24 日，以银行存款支付 17 日购买设备的价税款。

4. 2019 年 9 月 10 日，某小企业以分期付款方式向某机电公司购入一台生产设备，按照双方协议，该设备的购买价款为 100 000 元，增值税税率为 13%。此外，公司还用银行存款支付了运输费、装卸费、调试费等 2 000 元。

四、会计实操题（要求完成未填好的原始凭证，填制记账凭证）

1. 2019 年 8 月 14 日，广东裕美家具有限公司向广州永安包装材料公司购买 A、B 型包装箱一批，收到增值税专用发票，包装箱已验收入库，货款尚未支付，如图 9-1 至图 9-3 所示。

广东增值税专用发票

4401651282　　　　发票联　　　　№ 521363031

国家税务总局 广东省税务局

开票日期：2019 年 08 月 14 日

购买方	名　　称：广东裕美家具有限公司 纳税人识别号：440103256268024 地址、电话：番禺区东环路 120 号 56327581 开户行及账号：建行东环支行 11682674052	密码区	（略）

货物或应税劳务、服务名称	规格型号	单位	数　量	单　价	金　额	税率	税　额
*纸制品*A 型包装箱		个	300	2.00	600.00	13%	78.00
*纸制品*B 型包装箱		个	300	4.00	1200.00	13%	156.00
合　　计					¥1800.00		¥234.00
价税合计（大写）	⊗贰仟零叁拾肆圆整				（小写）¥2034.00		

销售方	名　　称：广州永安包装材料公司 纳税人识别号：440102498268020 地址、电话：番禺区东环路 12 号 56682584 开户行及账号：建行东环支行 11682543357	备注	广州永安包装材料公司 440102498268020 发票专用章

收款人：　　复核：　　开票人：陈晓虹　　销售方：（章）

第三联：发票联　购买方记账凭证

图 9-1　增值税专用发票

包装物入库单

2019 年 8 月 14 日　　　　单位：元

包装物名称	规格型号	单位	应收数量	实收数量	金额
A 型包装箱		个	300	300	600.00
B 型包装箱		个	300	300	1 200.00

仓库主管：陈德明　　验收：李怡华　　收料：朱永材

图 9-2　包装物入库单

记 账 凭 证

年 月 日　　　　字第 号

摘要	总账科目	明细科目	借方金额										贷方金额										账页或√
			千	百	十	万	千	百	十	元	角	分	千	百	十	万	千	百	十	元	角	分	
附属单证 张		合计																					

会计主管　　记账　　审核　　制单

图 9-3　记账凭证

2. 2019 年 8 月 16 日，广东裕美家具有限公司向广东利源木材工业公司购买材料一批，材料已验收入库，收到增值税专用发票，款项以银行承兑汇票支付，如图 9-4 至图 9-7 所示。

广东增值税专用发票

4408241741　　发票联　　№ 421061302

开票日期：2019 年 08 月 16 日

购买方	名称：广东裕美家具有限公司 纳税人识别号：440103256268024 地址、电话：番禺区东环路 120 号 56327581 开户行及账号：建行东环支行 11682674052	密码区	（略）

货物或应税劳务、服务名称	规格型号	单位	数量	单价	金额	税率	税额
*林业产品*木条		根	1600	18.00	28800.00	13%	3744.00
*林业产品*木板		块	700	68.00	47600.00	13%	6188.00
合计					¥76400.00		¥9932.00
价税合计（大写）	⊗捌万陆仟叁佰叁拾贰圆整				（小写）¥86332.00		

销售方	名称：广东利源木材工业公司 纳税人识别号：440806835268026 地址、电话：梅州市梅江路 6 号 8835542 开户行及账号：中行梅江支行 18722683058	备注	广东利源木材工业公司 440806835268026 发票专用章

收款人：　　复核：　　开票人：陈红娜　　销售方：（章）

第三联：发票联 购买方记账凭证

图 9-4　增值税专用发票

收　料　单

2019 年 8 月 16 日　　　　单位:元

材料名称	规格型号	单位	应收数量	实收数量	金额
木条		根	1 600	1 600	28 800.00
木板		块	700	700	47 600.00

仓库主管:陈德明　　　　验收:李怡华　　　　收料:朱永材

图 9-5　收料单

银行承兑汇票　4

出票日期（大写）：贰零壹玖年捌月壹拾陆日　　　　汇票号码：0135836

出票人全称	广东裕美家具有限公司	收款人	全　称	广东利源木材工业公司
出票人账号	11682674052		账　号	18722683058
付款行全称	建行东环支行		开户银行	中行梅江支行　行号 15056
出票金额	人民币（大写）捌万陆仟叁佰叁拾贰元整			亿千百十万千百十元角元：¥ 8 6 3 3 2 0 0
汇票到期日（大写）	贰零壹玖年零壹拾月壹拾陆日	付款行	行号	01692
承兑协议编号	0040119430		地址	番禺区东环路 100 号
本汇票请你行承兑，此项汇票款我单位承兑协议于到期日前足额交存银行，到期请予以支付。杨德兴　广东裕美家具有限公司财务专用章　出票人签章		本汇票已承兑，到期由本行承付。承兑行签章　承兑日期：2019.08.16　备注：		中国建设银行银行承兑汇票专用章 440106868269673　复核　记账

此联作为签发单位记账凭证附件

图 9-6　银行承兑汇票存根

记　账　凭　证

年　月　日　　　　字第　号

摘　要	总账科目	明细科目	借方金额 千	百	十	万	千	百	十	元	角	分	贷方金额 千	百	十	万	千	百	十	元	角	分	账页或√
附属单证　　张		合计																					

会计主管　　　　记账　　　　审核　　　　制单

图 9-7　记账凭证

第 10 章　生产费用核算

一、判断题

1. 小企业应当按照实际发生额核算成本和费用。（　　）

2. 制造费用和管理费用都是本期发生的生产费用，因此，均应计入当期损益。（　　）

3. 小企业为组织生产经营活动而发生的一切管理活动的费用，包括车间管理费用和企业管理费用，都应作为期间费用处理。（　　）

4. 小企业在生产过程中发生的、用货币形式表示的生产耗费，称为生产成本。（　　）

5. 成本核算对象的确定是设立成本明细分类账户、归集和分配生产成本以及选择成本计算方法、正确计算成本的前提。（　　）

6. 制造费用是指小企业为生产产品（或提供劳务）而发生的，应计入产品成本但没有专设成本项目的各项生产费用。（　　）

7. 凡与本期收入有因果关系的耗费，都应当确认为本期费用。（　　）

8. 小企业经过 1 年期以上的制造才能达到预定可销售状态的产品发生的借款费用应在“制造费用”账户核算。（　　）

9. 辅助生产成本可以直接计入所生产产品发生的生产成本。（　　）

10. 在产品包括达到预定销售状态的自制半成品。（　　）

二、选择题

1. 小企业为生产产品领用材料，根据各产品领用的材料量，借记（　　）账户。

A. “生产成本”　　B. “原材料”

C. “库存商品”　　D. “制造费用”

2. 在产品发生盘亏时，经查明属于车间管理不善造成的损失，应转入（　　）。

A. 生产成本　　B. 管理费用

C. 营业外支出　　D. 制造费用

3. 下列各项中，属于构成产品成本的费用的有（　　）。

A. 制造费用　　B. 管理费用

C. 财务费用　　D. 销售费用

4. 下列各项中，不属于制造费用项目的有（　　）。

A. 车间机物料消耗　　B. 车间管理人员薪酬

C. 管理部门办公费　　D. 季节性停工损失

5. 以产品品种为成本核算对象的成本计算方法，简称为（　　）。

A. 分批法　　B. 品种法

C. 分步法　　　　D. 多步法

6. 下列各项中，不属于“库存商品”账户核算范围的有(　　)。

A. 存放在门市部准备出售的商品

B. 发出展览的商品

C. 寄存在外的商品

D. 劳保用品

7. 月末，根据完工产品入库单和成本计算资料，编制“完工产品入库汇总表”，按其实际成本，借记(　　)账户。

A. “原材料”　　　　B. “制造费用”

C. “库存商品”　　　　D. “周转材料”

8. 小企业在生产产品过程中实际消耗的、直接用于产品生产、构成产品实体的原材料、半成品、辅助材料、修理用备件和材料在使用过程中发生的运输、装卸、整理等费用，称为(　　)。

A. 原材料　　　　B. 直接材料

C. 辅助材料　　　　D. 周转材料

9. “库存商品”账户的借方发生额包括(　　)。

A. 已完成生产过程并验收入库的产成品的实际成本

B. 发出(售出)产成品的实际成本

C. 盘亏产成品的实际成本

D. 毁损产成品的实际成本

10. 下列各项中，不属于产品成本计算方法的有(　　)。

A. 品种法　　　　B. 分批法

C. 分步法　　　　D. 分类法

三、会计核算题

根据以下经济业务，编制相关会计分录。

1. 广东裕美家具有限公司归集汇总 2019 年 9 月份发生的制造费用，依据产品生产工时进行分配，制造费用分配表，如表 10-1 所示。

表 10-1　　　　**制造费用分配表**

2019 年 9 月 30 日

产品项目	分配标准(工时)	分配率(元/工时)	分配金额(元)
办公桌	2 400	9.00	21 600.00
沙发	2 600	9.00	23 400.00
合计	5 000	9.00	45 000.00

根据表 10-1 进行本月制造费用分配的总分类核算，如图 10-1 所示。

记　账　凭　证

年　月　日　　　　　　　　字第　号

摘要	总账科目	明细科目	借方金额										贷方金额										账页或√
			千	百	十	万	千	百	十	元	角	分	千	百	十	万	千	百	十	元	角	分	
附属单证　张		合计																					

会计主管　　　　记账　　　　审核　　　　制单

图 10-1　记账凭证

2. 广东裕美家具有限公司 2019 年 9 月应付工资总额为 90 000 元，工资费用分配汇总表，如表 10-2 所示。

表 10-2　　工资费用分配汇总表

2019 年 9 月 30 日　　　　单位:元

应借科目		生产工人	车间管理	行政管理	合计
生产成本	办公桌	28 000.00			28 000.00
	沙发	32 000.00			32 000.00
制造费用			16 000.00		16 000.00
管理费用				14 000.00	14 000.00
合计		60 000.00	16 000.00	14 000.00	90 000.00

根据表 10-2 工资费用分配汇总表进行工资费用的分配核算，如图 10-2 所示。

记　账　凭　证

年　月　日　　　　　　　　字第　号

摘要	总账科目	明细科目	借方金额										贷方金额										账页或√
			千	百	十	万	千	百	十	元	角	分	千	百	十	万	千	百	十	元	角	分	
附属单证　张		合计																					

会计主管　　　　记账　　　　审核　　　　制单

图 10-2　记账凭证

3. 广东裕美家具有限公司对原材料采用实际成本法进行核算，根据 2019 年 9 月份领料单等发料凭证汇总编制本月发出材料汇总表，如表 10-3 所示。

表 10-3　　　　　　　　　　**发出材料汇总表**

2019 年 9 月 30 日　　　　　　　　单位:元

部门/用途	木条			木板			油漆			合计
	数量	单价	金额	数量	单价	金额	数量	单价	金额	
办公桌	2 030	25	50 750	870	80	69 600	87	280	24 360	144 710
沙发	2 100	25	52 500	840	80	67 200	126	280	35 280	154 980
合计	4 130	25	103 250	1 710	80	136 800	213	280	59 640	299 690

根据表 10-3 进行本月发出材料的总分类核算，如图 10-3 所示。

记　账　凭　证

年　月　日　　　　　　　　字第　号

摘要	总账科目	明细科目	借方金额										贷方金额										账页或√
			千	百	十	万	千	百	十	元	角	分	千	百	十	万	千	百	十	元	角	分	
附属单证　张		合计																					

会计主管　　　　记账　　　　审核　　　　制单

图 10-3　记账凭证

4. 广东裕美家具有限公司 2019 年 9 月没有期初在产品，本月投入产品全部完工入库，本月完工产品成本计算表，如表 10-4 所示。

表 10-4　　　　　　　　　　**完工产品成本计算表**

2019 年 9 月 30 日　　　　　　　　单位:元

产品名称	完工产品数量	直接材料	直接人工	制造费用	合计
办公桌	600 张	144 710.00	47 620.00	21 270.00	213 600.00
沙发	400 套	154 980.00	51 280.00	22 940.00	229 200.00

根据表 10-4 进行本月完工产品成本计算的总分类核算，如图 10-4 所示。

记 账 凭 证

年 月 日　　　　　　　　字第　号

摘　要	总账科目	明细科目	借方金额										贷方金额										账页或√
			千	百	十	万	千	百	十	元	角	分	千	百	十	万	千	百	十	元	角	分	
附属单证　张		合计																					

会计主管　　　　记账　　　　审核　　　　制单

图 10-4　记账凭证

第 11 章　职工薪酬核算

一、判断题

1. 小企业生产工人的社会保险费应计入当期管理费用。（　　）

2. 小企业为职工缴纳的基本养老保险以及为职工购买的商业养老保险，均属于小企业提供的职工薪酬。（　　）

3. 小企业按照年金计划规定，为职工缴纳的补充养老保险费以及以购买商业保险形式提供给职工的各种保险待遇不属于职工薪酬范围。（　　）

4. 小企业支付车间技术人员的培训费不构成职工薪酬部分。（　　）

5. 小企业生产人员的辞退福利应该计入生产成本。（　　）

6. 小企业生产工人的医疗保险费、养老保险费、失业保险费和工伤保险费等保险费应计入当期管理费用。（　　）

7. 小企业退休人员工资属于应付职工薪酬核算范围。（　　）

8. 小企业向职工食堂、生活困难职工等支付职工福利费，应借记“应付职工薪酬——职工福利”账户。（　　）

二、单选题

1. 小企业从应付职工薪酬中扣缴的个人所得税，应贷记（　　）账户。

A. “其他应收款”　　B. “应交税费——应交个人所得税”

C. “银行存款”　　D. “其他应付款”

2. 下列项目中，不在“应付职工薪酬——职工福利费”列支的项目有（　　）。

A. 医务人员的工资　　B. 职工生活困难补助

C. 福利部门人员工资　　D. 退休人员工资

3. 应由生产产品负担的职工薪酬，计入（　　）。

A. 产品成本　　B. 劳务成本　　C. 固定资产成本　　D. 无形资产成本

4. 以租赁住房等资产供职工无偿使用的，应当根据受益对象，将每期应付的租金计入相关资产成本或费用，同时贷记的账户是（　　）。

A. “应付职工薪酬”　　B. “营业外支出”　　C. “投资收益”　　D. “其他应付款”

5. 计件工资制下，9 月份车间生产工人李丽生产甲产品 360 件，每件工资 10 元，经检验发现不合格产品 6 件，其中，料废 3 件，工废 3 件，李丽的社会保险和住房公积金缴费基数是 2 200 元，养老保险个人缴费比例 8%，医疗保险个人缴费比例 2%，失业保险个人缴费比例 1%，住房公积金个人承担比例 12%，代扣水电费 29 元，则该月份李丽的实发工资为（　　）元。

A. 3 570　　B. 3 064　　C. 3 035　　D. 3 005

6. 某电器生产企业为增值税一般纳税人,年末将本企业生产的一批电磁炉发放给职工作为福利。该批电磁炉市场售价为16万元(不含增值税),增值税适用税率为13%,实际成本为12万元。假定不考虑其他因素,该企业应确认的应付职工薪酬为(　　)万元。

A. 12　　B. 16　　C. 18.08　　D. 13.56

7. 应由在建工程负担的职工薪酬,最终计入(　　)。

A. 产品成本　　B. 劳务成本

C. 固定资产成本　　D. 无形资产成本

8. 租入住房给车间管理人员无偿使用,支付租金时的会计处理是(　　)。

A. 借:生产成本

　　贷:应付职工薪酬——非货币性福利

B. 借:制造费用

　　贷:应付职工薪酬——非货币性福利

C. 借:应付职工薪酬——非货币性福利

　　贷:银行存款

D. 借:应付职工薪酬——非货币性福利

　　贷:应付职工薪酬——工资

9. 小企业分配结转因解除与职工的劳动关系给予职工补偿而发生的职工薪酬,应借记的账户是(　　)。

A. “管理费用”　　B. “财务费用”

C. “营业外支出”　　D. “销售费用”

10. 关于小企业按职工工资总额计提的职工教育经费,下列说法不正确的是(　　)。

A. 应由生产产品负担的职工教育经费,记入“生产成本”账户

B. 应由在建工程负担的职工教育经费,记入“在建工程”账户

C. 应由车间管理人员负担的职工教育经费,记入“制造费用”账户

D. 应由研发部门人员负担的职工教育经费,记入“无形资产”账户

三、多选题

1. 计时工资制下,影响加班工资的因素有(　　)。

A. 日工资　　B. 加班天数

C. 加班工资发放比例　　D. 小时工资

2. 应通过“应付职工薪酬”账户核算的内容包括(　　)。

A. 职工福利费　　B. 基本养老保险等社会保险费

C. 住房公积金　　D. 工会经费和职工教育经费

3. 工资计算的原始记录主要有(　　)。

A. 工资卡片　　B. 派工单

C. 产量记录　　D. 考勤记录

4. 下列各项中，应确认为应付职工薪酬的有（　　）。

A. 非货币性福利　　B. 社会保险费和辞退福利

C. 退休职工的工资、福利费　　D. 工会经费和职工教育经费

5. 下列各项中，社保缴费项目无需个人承担的有（　　）。

A. 基本养老保险　　B. 基本医疗保险

C. 工伤保险　　D. 生育保险

6. 关于非货币性福利，下列说法正确的有（　　）。

A. 用自产产品发给职工应视同销售，确认收入结转成本

B. 以拥有的房屋等资产无偿给职工使用，该资产计提的折旧应计入相关资产成本或当期损益

C. 以租赁住房无偿给职工使用的，应付的租金计入相关资产成本或当期损益

D. 为职工提供的医疗保健服务不属于职工福利费范畴

7. 下列各项中，通过应付职工薪酬核算的有（　　）。

A. 设备采购人员差旅费　　B. 锅炉车间人员的高温补贴

C. 生产职工的伙食补贴　　D. 材料入库前挑选整理人员的工资

8. 小企业作为福利为高管人员配备汽车。计提这些汽车的折旧时，编制会计分录时用到的账户可能是（　　）。

A. "累计折旧"　　B. "固定资产"

C. "管理费用"　　D. "应付职工薪酬"

9. 某小企业 8 月份工资费用分配表显示，应付工资总额400 000元，其中，生产工人200 000元，车间管理人员50 000元，行政管理人员110 000元，销售机构人员工资30 000元，工程建设部门人员10 000元，不考虑其他因素，下列说法正确的是（　　）。

A. 生产成本增加 200 000 元　　B. 生产成本增加 250 000 元

C. 管理费用增加 110 000 元　　D. 管理费用增加 120 000 元

10. 小企业结转并支付车间管理人员生活困难补助 3 000 元，其会计处理中应借记的账户有（　　）。

A. "制造费用"　　B. "营业外支出"

C. "管理费用"　　D. "应付职工薪酬——职工福利费"

四、会计核算题

1. 某小企业职工李晓峰的月基本工资为 3 741 元，2019 年 7 月请事假 4 天（其中 2 天为双休日），病假 2 天，病假扣款比例 20%；本月休息日加班 2 天（无法安排调休），法定节假日加班 1 天；本月津贴补贴 150 元，奖金 120 元，按月计薪天数 21.75 天计算其 7 月应付工资。

2. 某小企业职工洪涛 2019 年 8 月加工甲零件 1 240 件，计件单价为 3.60 元，经验收发现料废 20 件，工废 10 件，其余均为合格品；加工乙零件 160 件，计件单价为 5.60 元，经验收全部合格，计算其 8 月应付工资。

3. 某小企业车间工人徐芳 2019 年 9 月加工完成甲产品 200 件，计件单价 20 元；乙产品 100 件，计件单价为 8 元。其中，甲产品的工时定额为 30 分钟，乙产品的工时定额为 15 分钟。该工人的小时工资率为 38.4 元。

4. 2019 年 7 月，永利公司将本公司生产的 230 件产品发放给职工作为福利，其中生产工人发放 200 件，管理人员发放 30 件，单位产品成本为 800 元，单位计税价格(不含税售价)为 1 000 元，适用增值税税率为 13%。

要求：

(1) 编制公司发放非货币性福利的会计分录。

(2) 编制公司计算分配非货币性福利的会计分录。

(3) 编制公司结转发放福利的产品成本的会计分录。

5. 恒利公司 2019 年 8 月有关职工薪酬业务如下：

(1) 按照工资结算汇总表分配工资费用，其中生产工人工资为120 000元，车间管理人员工资为25 000元，总部管理人员工资为32 000元，专设销售部门人员工资为38 000元，在建工程人员工资为6 000元。

(2) 根据有关政策，按照工资总额的 8%、12%、1%和 8%计提企业应承担的医疗保险费、养老保险费、失业保险费和住房公积金。

（3）按照工资总额的 2%和 8%计提工会经费和职工教育经费。

（4）公司决定为行政管理和销售管理的中层干部每人配备一辆小汽车无偿使用，本月小汽车应计提的折旧分别是行政中层应计提1 500元，销售中层应计提1 200元。

要求：

（1）根据上述条件，分别计算应计入生产成本、制造费用、管理费用、销售费用、在建工程的职工薪酬的金额。

（2）编制 8 月份结转分配职工薪酬的会计分录（应付职工薪酬的二级科目：职工工资、社会保险费、住房公积金、工会经费、职工教育经费）。

（3）编制 8 月份小汽车计提折旧的会计分录。

五、会计实操题（要求完成未填好的原始凭证，填制记账凭证）

1. 2019 年 8 月 16 日，广东裕美家具有限公司委托银行代发上月工资，如图 11-1 至图 11-3 所示。

中国建设银行对公客户付款通知单

2019 年 8 月 16 日　　交易种类：支付工资

付款人	全 称	广东裕美家具有限公司	收款人	全 称											
	账 号	11682674052		账 号											
	开户行	中国建设银行广州市东环支行		开户行											
大写金额	人民币壹拾万柒仟捌佰捌拾元整				亿	千	百	十	万	千	百	十	元	角	分
							¥	1	0	7	8	8	0	0	0
上述款项已从你单位存款账户11682674052支付。				银行签章											

中国建设银行股份有限公司 广州东环支行 2019.08.16 办讫章 (4)

此联为付款人付款通知

会计主管　　复核　　记账

图 11-1　银行付款通知

工资清单

2019 年 7 月 31 日　　　　单位:元

序号	姓名	账号	基本工资	奖金	津贴补贴	应付工资	代扣款	实发工资
1	杨德兴	116826162301	2 080.00	500.00	200.00	2 780.00	212.00	2 568.00
2	郑景成	116826162302	1 970.00	400.00	150.00	2 520.00	171.00	2 349.00
3	范永建	116826162303	1 950.00	380.00	140.00	2 470.00	164.00	2 306.00
…	…	…	…	…	…	…	…	…
…	…	…	…	…	…	…	…	…
合计	—	—	…	…	…	…	…	107 880.00

单位负责人:杨德兴　　会计主管:范永建　　会计:杨东梅　　制表:谢丽华

图 11-2　工资清单

记　账　凭　证

年　月　日　　　　字第　号

<table>
<tr><td rowspan="2">摘　　要</td><td rowspan="2">总账科目</td><td rowspan="2">明细科目</td><td colspan="10">借方金额</td><td colspan="10">贷方金额</td><td rowspan="2">账页或√</td></tr>
<tr><td>千</td><td>百</td><td>十</td><td>万</td><td>千</td><td>百</td><td>十</td><td>元</td><td>角</td><td>分</td><td>千</td><td>百</td><td>十</td><td>万</td><td>千</td><td>百</td><td>十</td><td>元</td><td>角</td><td>分</td></tr>
<tr><td></td><td></td><td></td><td></td><td></td><td></td><td></td><td></td><td></td><td></td><td></td><td></td><td></td><td></td><td></td><td></td><td></td><td></td><td></td><td></td><td></td><td></td><td></td><td></td></tr>
<tr><td></td><td></td><td></td><td></td><td></td><td></td><td></td><td></td><td></td><td></td><td></td><td></td><td></td><td></td><td></td><td></td><td></td><td></td><td></td><td></td><td></td><td></td><td></td><td></td></tr>
<tr><td></td><td></td><td></td><td></td><td></td><td></td><td></td><td></td><td></td><td></td><td></td><td></td><td></td><td></td><td></td><td></td><td></td><td></td><td></td><td></td><td></td><td></td><td></td><td></td></tr>
<tr><td></td><td></td><td></td><td></td><td></td><td></td><td></td><td></td><td></td><td></td><td></td><td></td><td></td><td></td><td></td><td></td><td></td><td></td><td></td><td></td><td></td><td></td><td></td><td></td></tr>
<tr><td></td><td></td><td></td><td></td><td></td><td></td><td></td><td></td><td></td><td></td><td></td><td></td><td></td><td></td><td></td><td></td><td></td><td></td><td></td><td></td><td></td><td></td><td></td><td></td></tr>
<tr><td></td><td></td><td></td><td></td><td></td><td></td><td></td><td></td><td></td><td></td><td></td><td></td><td></td><td></td><td></td><td></td><td></td><td></td><td></td><td></td><td></td><td></td><td></td><td></td></tr>
<tr><td colspan="2">附属单证　　张</td><td>合计</td><td></td><td></td><td></td><td></td><td></td><td></td><td></td><td></td><td></td><td></td><td></td><td></td><td></td><td></td><td></td><td></td><td></td><td></td><td></td><td></td><td></td></tr>
</table>

会计主管　　记账　　审核　　制单

图 11-3　记账凭证

2. 2019 年 8 月 31 日，广东裕美家具有限公司计算并分配本月工资费用，如图 11-4 和图 11-5 所示。

工资结算汇总表

2019 年 8 月　　　　单位:元

部门或用途	基本工资	加班工资	津贴补贴	奖金	应付工资	代扣款	实发工资
生产办公桌	22 464.00	5 364.00	8 985.60	10 810.08	47 623.68		
生产沙发	24 192.00	6 480.00	9 676.80	10 938.24	51 287.04		
车间管理人员	12 236.00	759.60	5 506.20	2 072.16	20 573.96		
行政管理人员	10 052.00	918.00	3 877.20	2 183.76	17 030.96		
合计	68 944.00	13 521.60	28 045.80	26 004.24	136 515.64		

会计主管:范永建　　复核:杨东梅　　制表:谢丽华

图 11-4　工资结算汇总表

记 账 凭 证

年　月　日　　　　　　　　字第　号

摘要	总账科目	明细科目	借方金额										贷方金额										账页或√
			千	百	十	万	千	百	十	元	角	分	千	百	十	万	千	百	十	元	角	分	
附属单证　张		合计																					

会计主管　　　　记账　　　　审核　　　　制单

图 11-5　记账凭证

第12章　收入核算

一、判断题

1. 凡与本期收入有因果关系的耗费，都应当确认为本期费用。（　　）

2. 一般情况下，小企业应当在发出商品且收到货款或取得收款权时，确认销售商品收入。（　　）

3. 批发零售小企业管理费用不多的，可不设"管理费用"账户，而直接记入"销售费用"账户。（　　）

4. 小企业出租固定资产和包装物取得的租金收入应计入营业外收入。（　　）

5. 批发、零售小企业在购买商品过程中发生的运输途中合理损耗应记入"销售费用"账户。（　　）

6. 销售商品涉及现金折扣的，应按扣除现金折扣后的金额确定销售商品收入金额。（　　）

7.《小企业会计准则》下，小企业缴纳增值税，不管是当月的还是以前月份的，均记入"应交税费——应交增值税已交税金"账户。（　　）

8. 小企业上缴印花税时，借记"应交税费——应交印花税"账户，贷记"银行存款"账户。（　　）

9. 小规模纳税人需要在"应交增值税"明细账户下设置"进项税额""销项税额""进项税额转出"等明细专栏核算。（　　）

10. 一般纳税人取得增值税普通发票时，可以根据发票上记载的增值税额进行抵扣。（　　）

11. 小企业购入货物，只要取得了增值税专用发票，就可将支付的增值税额作为进项税额抵扣。（　　）

12. 小企业本月上交上月应交未交增值税，借记"应交税费——未交增值税"账户，贷记"银行存款"账户。（　　）

二、单选题

1. 在产品发生盘亏时，经查明属于车间管理不善造成的损失，应转入（　　）。

A. 生产成本　　B. 管理费用　　C. 营业外支出　　D. 制造费用

2. 小企业在筹建期间发生的开办费，在实际发生时，借记（　　）账户。

A. "管理费用"　　B. "销售费用"　　C. "营业外支出"　　D. "财务费用"

3. 小企业销售商品涉及现金折扣的，在实际发生现金折扣时，应将折扣计入（　　）。

A. 销售费用　　B. 财务费用　　C. 管理费用　　D. 主营业务成本

4. 已经发出但尚未确认销售收入的商品成本，应记入（　　）账户。

A. “库存商品”　　B. “主营业务成本”

C. “发出商品”　　D. “主营业务收入”

5. 小企业发生（　　）时，不能确认收入的实现。

A. 非货币性资产交换　　B. 将货物用于对外投资

C. 将货物用于职工福利　　D. 在建工程领用自产货物

6. 小企业计算应交的房产税、土地使用税、车船税、环境保护税等，应借记（　　）账户。

A. “管理费用”　　B. “营业外支出”

C. “其他业务支出”　　D. “税金及附加”

7. 小规模纳税人即使取得增值税专用发票，也不允许抵扣进项税额，是因为（　　）。

A. 小规模纳税人销售额不大

B. 小规模纳税人不享有进项税额的抵扣权

C. 小规模纳税人不缴纳增值税

D. 小规模纳税人不享受税收优惠

8. 如果当期销项税额小于当期准予抵扣的进项税额而不足抵扣时，其尚未抵扣部分应（　　）。

A. 结转下期继续抵扣　　B. 不予继续抵扣

C. 列作营业外支出　　D. 调减应纳税所得额

9. 小企业缴纳应交增值税税款，应借记的账户是（　　）。

A. 应交税费——应交增值税转出多交增值税

B. 应交税费——应交增值税转出未交增值税

C. 应交税费——未交增值税

D. 应交税费——应交增值税已交税金

10. 恒利公司为一般纳税人企业，将外购材料用于自制机器设备，关于该材料的增值税进项税额，其正确的会计处理是（　　）。

A. 不作处理，仍可享受抵扣

B. 作进项税额转出处理，并将进项税额转入在建工程成本

C. 作进项税额不得抵扣处理

D. 将进项税额计入材料成本

三、多选题

1.《小企业会计准则》下，“主营业务收入”账户核算的主营业务包括（　　）。

A. 销售材料　　B. 出租固定资产　　C. 销售产品　　D. 提供劳务

2. “其他业务成本”账户核算的成本包括（　　）。

A. 销售商品的成本　　B. 销售材料的成本

C. 出租固定资产的折旧费　　D. 运输费

3. 下列不通过“应交税费”账户核算的有（　　）。

A. 上缴的车船税　　B. 上缴的环境保护税
C. 上缴的印花税　　D. 上缴的车辆购置税

4. 小企业缴纳的下列税费中,记入“税金及附加”账户的有(　　)。
A. 车船使用税　　B. 土地使用税　　C. 环境保护税　　D. 印花税

5. 下列情况中,小企业支付的增值税额可作为进项税额抵扣的有(　　)。
A. 小规模纳税人购入生产用材料时取得了增值税专用发票
B. 一般纳税人企业购入生产设备时取得了增值税专用发票
C. 一般纳税人企业购入生产用材料时取得了增值税普通发票
D. 一般纳税人企业 2016 年 5 月 1 日后购入厂房取得了增值税专用发票

6. 下列与一般纳税人增值税有关的业务,不需作增值税进项税额转出的有(　　)。
A. 以自产产品发放职工福利　　B. 因管理不善造成的存货盘亏
C. 工程项目领用本企业产品　　D. 以产品对外投资

四、会计核算题

1. 某小企业属于增值税一般纳税人,适用的增值税税率为 13%。2019 年 8 月 1 日,向甲公司销售 A 产品 1 000 件,每件售价 800 元(不含增值税),已开出增值税专用发票,产品已发出,货款尚未收到。为了及早收回货款,双方签订合同规定按不含税价款提供现金折扣,现金折扣条件为(2/10, 1/20, n/30)。8 月 15 日,甲公司按合同规定付款,企业收到货款并存入银行。请编制该小企业销售产品以及收回货款的会计分录。

2. 2019 年 8 月 17 日,某小企业因产品质量问题被某客户退回上月销售的 A 产品 200 件,价款为 20 000 元,增值税额为 2 600 元,小企业已将退货款以支票方式退给客户。该批产品单位成本为 80 元,已收存仓库。

3. 某小企业属于增值税一般纳税人,2019 年 9 月发生下列经济业务,请编制相关会计分录。

(1) 4 日,销售产品一批,开出增值税专用发票,注明价款 60 000 元,增值税额 7 800 元,款项已收到,该批产品成本为 40 000 元。

（2）11 日，出售一批原材料，开出增值税专用发票，注明价款 5 000 元，增值税额 650 元，款项尚未收到。

（3）21 日，取得出租机器设备收入 8 000 元，增值税额 1 040 元，款项尚未收到。

4. 某小企业属于增值税一般纳税人，2019 年 10 月发生如下经济业务，请编制相关会计分录。

（1）销售 A 产品2 000件，每件售价1 000元，货款2 000 000元，增值税税率为 13%，产品已发出，货款已收到。A 产品单位成本为 600 元。

（2）销售 B 产品 100 件，每件售价 4 000 元，增值税税率为 13%，产品已发出，收到商业承兑汇票一张。B 产品单位成本为 3 000 元。

（3）转让专利权一项，该项专利权原值 400 000 元，已计提摊销额 150 000 元，取得不含税收入 300 000 元，增值税税率 6%，城市维护建设税税率 7%，教育费附加率 3%，转让款已收到并存入银行。

（4）发现无法支付的应付账款 30 000 元。

（5）本月发生管理费用20 000元、销售费用10 000元、财务费用5 000元，均以银行存款支付。

5. 乙公司为一般纳税人,2019 年 9 月发生如下经济业务,请编制相关会计分录。

(1) 购建厂房一幢,厂房已验收合格并投入使用,取得增值税专用发票,发票注明价款 600 万元,增值税额 54 万元,价税款以银行存款支付。

(2) 本月增值税销项税额合计为 160 万元,购进材料等货物(不包括以上厂房的进项税额)可抵扣进项税额合计为 60 万元,不考虑其他调整项目,请计算本月应缴纳的增值税额并编制以银行存款缴纳本月增值税额的会计分录。

五、会计实操题(要求完成未填好的原始凭证,填制记账凭证)

1. 2019 年 10 月 11 日,广东裕美家具有限公司向广州百川家具有限公司销售不需用的木板 180 块,款项已收存银行,如图 12-1 至图 12-4 所示。

广东增值税专用发票

4601041141　　　　№ 241307409

此联不作报销、扣税凭证使用

广东省税务局

开票日期:2019 年 10 月 11 日

<table>
<tr><td>购买方</td><td colspan="5">名　　称:广州百川家具有限公司
纳税人识别号:440102443268027
地址 、 电话:增城市光明路 36 号 68682587
开户行及账号:建行光明支行 11676243355</td><td>密码区</td><td>(略)</td></tr>
<tr><td>货物或应税劳务、服务名称</td><td>规格型号</td><td>单位</td><td>数　量</td><td>单　价</td><td>金　额</td><td>税率</td><td>税　额</td></tr>
<tr><td>*林业产品*木板</td><td></td><td>块</td><td>180</td><td>69.00</td><td>12420.00</td><td>13%</td><td>1614.60</td></tr>
<tr><td>合　计</td><td></td><td></td><td></td><td></td><td>¥12420.00</td><td></td><td>¥1614.60</td></tr>
<tr><td>价税合计(大写)</td><td colspan="7">⊗壹万肆仟零叁拾肆圆陆角整　　(小写) ¥14034.60</td></tr>
<tr><td>销售方</td><td colspan="5">名　　称:广东裕美家具有限公司
纳税人识别号:440103256268024
地址 、 电话:番禺区东环路 120 号 56327581
开户行及账号:建行东环支行 11682674052</td><td>备注</td><td></td></tr>
</table>

收款人:　　复核:　　开票人:王耀林　　销售方:(章)

第一联:记账联 销售方记账凭证

图 12-1　增值税专用发票

中国建设银行支票（粤）　　GS 08224041

付款期限自出票之日起十天

出票日期（大写）贰零壹玖年零壹拾月壹拾壹日　　付款行名称：建行光明支行

收款人：广东裕美家具有限公司　　出票人账号：11676243355

人民币（大写）	千	百	十	万	千	百	十	元	角	分
壹万肆仟零叁拾肆元陆角整			¥	1	4	0	3	4	6	0

用途 支付货款　　密码

上列款项请从我账户内支付　　行号

出票人签章　广州百川家具有限公司财务专用章　陈顺华

复核　　记账

附加信息：	被背书人：	被背书人：
	背书人签章 年　月　日	背书人签章 年　月　日

图 12-2　转账支票

中国建设银行进账单（回　单）　1

年　月　日

出票人	全　称		收款人	全　称	
	账　号			账　号	
	开户银行			开户银行	

金额	人民币（大写）	亿	千	百	十	万	千	百	十	元	角	分

票据种类		票据张数		
票据号码				
复核	记账			开户银行盖章

此联是开户银行交给持（出）票人的回单

图 12-3　银行进账单

记 账 凭 证

年 月 日　　　　字第 号

摘要	总账科目	明细科目	借方金额										贷方金额										账页或√
			千	百	十	万	千	百	十	元	角	分	千	百	十	万	千	百	十	元	角	分	
附属单证 张		合计																					

会计主管　　记账　　审核　　制单

图 12-4　记账凭证

2. 结转上题已销售木板的成本,如图 12-5 和图 12-6 所示。

材料出库单

用途:销售　　2019 年 10 月 11 日　　单位:元

名称及规格	单位	请领数量	实发数量	单价	金额
木板	块	180	180	60.00	10 800.00

仓库主管:陈德明　　经手人:李怡华　　保管员:朱永材

图 12-5　材料出库单

记 账 凭 证

年 月 日　　　　字第 号

摘要	总账科目	明细科目	借方金额										贷方金额										账页或√
			千	百	十	万	千	百	十	元	角	分	千	百	十	万	千	百	十	元	角	分	
附属单证 张		合计																					

会计主管　　记账　　审核　　制单

图 12-6　记账凭证

3. 2019 年 10 月 12 日，广东裕美家具有限公司本月 5 日销售给广州百川家具有限公司的办公桌，其中有 2 张验收不合格，百川公司要求退回不合格办公桌，经核查，公司同意退货，并办妥了退货手续，退回办公桌已入库，如图 12-7 至图 12-11 所示。

销售退回审批单

2019 年 10 月 12 日　　　　　　　　单位：元

购买单位	广州百川家具有限公司		销售退回原因	其中 2 张办公桌不符合质量要求	
商品名称	销售时间	销售数量	价税金额	退回价款	增值税额
办公桌	2019.10.05	50 张	21 470.00	760.00	98.80
沙发	2019.10.05	50 套	36 160.00		
合计	—	—	¥57 630.00	¥760.00	¥98.80

会计主管：范永建　　　　　销售主管：王裕峰　　　　　制表：梁芳

图 12-7　销售退回审批单

开具红字增值税专用发票信息表

填开日期：2019 年 10 月 12 日

销售方	名　称	广东裕美家具有限公司	购买方	名　称	广州百川家具有限公司	
	纳税人识别号	440103256268024		纳税人识别号	440102443268027	
开具红字专用发票内容	货物(劳务服务)名称	数量	单价	金额	税率	税额
	办公桌	2	380.00	760.00	13%	98.80
	合计	—	—	¥760.00	—	¥98.80
说明	一、购买方□ 对应蓝字专用发票抵扣增值税销项税额情况： 1. 已抵扣□ 2. 未抵扣□ 对应蓝字专用发票的代码：________　号码：________ 二、销售方☑ 对应蓝字专用发票的代码：4601041141　号码：201307402					
红字专用发票信息表编号	241307605					

图 12-8　开具红字增值税专用发票信息表

广东增值税专用发票

4601041141　　此联不作报销、扣税凭证使用　　№ 241307605

开票日期：2019 年 10 月 12 日

购买方	名　称：广州百川家具有限公司 纳税人识别号：440102443268027 地址、电话：增城市光明路 36 号 68682587 开户行及账号：建行光明支行 11676243355				密码区	（略）	
货物或应税劳务、服务名称	规格型号	单位	数量	单价	金额	税率	税额
*家具*办公桌		张	-2	380.00	-760.00	13%	-98.80
合　计					¥-760.00		¥-98.80
价税合计（大写）	⊗捌佰伍拾捌圆捌角整（负数）				（小写）¥-858.80		
销售方	名　称：广东裕美家具有限公司 纳税人识别号：440103256268024 地址、电话：番禺区东环路 120 号 56327581 开户行及账号：建行东环支行 11682674052				备注		

第一联：记账联　销售方记账凭证

收款人：　　复核：杨东梅　　开票人：王耀林　　销售方：(章)

图 12-9　增值税专用发票记账联

退回产品入库单

2019 年 10 月 12 日　　单位：元

产品名称	规格	型号	单位	数量	单价	金额
办公桌			张	2		

仓库主管：陈德明　　复核：杨东梅　　验收：李怡华　　制单：朱永材

图 12-10　退回产品入库单

记　账　凭　证

年　月　日　　字第　号

摘　要	总账科目	明细科目	借方金额										贷方金额										账页或√
			千	百	十	万	千	百	十	元	角	分	千	百	十	万	千	百	十	元	角	分	
附属单证　　张		合计																					

会计主管　　记账　　审核　　制单

图 12-11　记账凭证

4. 2019 年 10 月 18 日，广东裕美家具有限公司本月 15 日销售给广东胜华家具有限公司的沙发，经验收存在瑕疵，胜华公司要求给予 10%的销售折让，经核查，公司同意胜华公司的要求，并办妥了相关手续，如图 12-12 至图 12-15 所示。

销售折让审批单

2019 年 10 月 18 日　　　　单位：元

购买单位	广东胜华家具有限公司		销售折让原因	部分沙发存在瑕疵	
商品名称	销售时间	销售数量	价税金额	折让率	折让金额
沙发	2019.10.15	40 套	28 928.00	10%	2 892.80
合计	—	—	¥28 928.00	10%	¥2 892.80

会计主管：范永建　　　　销售主管：王裕峰　　　　制表：梁芳

图 12-12　销售折让审批单

开具红字增值税专用发票信息表

填开日期：2019 年 10 月 18 日

销售方	名　称	广东裕美家具有限公司	购买方	名　称	广东胜华家具有限公司	
	纳税人识别号	440103256268024		纳税人识别号	440103564568023	
开具红字专用发票内容	货物（劳务服务）名称	数量	单价	金额	税率	税额
	沙发			2 560.00	13%	332.80
	合计	—	—	¥2 560.00	—	¥332.80
说明	一、购买方□ 对应蓝字专用发票抵扣增值税销项税额情况： 1. 已抵扣□ 2. 未抵扣□ 对应蓝字专用发票的代码：__________ 号码：__________ 二、销售方√ 对应蓝字专用发票的代码：4601041141　号码：201307406					
红字专用发票信息表编号	241307617					

图 12-13　开具红字增值税专用发票信息表

广东增值税专用发票

4601041141　　此联不作报销、扣税凭证使用　　№ 241307617

（印章：全国统一发票监制章 国家税务总局 广东省税务局）

开票日期：2019 年 10 月 18 日

购买方	名　　称：广东胜华家具有限公司 纳税人识别号：440103564568023 地址、电话：花都区新华路 72 号 36637584 开户行及账号：工行新华支行 11634813054				密码区	（略）	
货物或应税劳务、服务名称	规格型号	单位	数量	单价	金额	税率	税额
*家具*沙发		套			-2560.00	13%	-332.80
合　　计					¥-2560.00		¥-332.80
价税合计（大写）	⊗贰仟捌佰玖拾贰圆捌角整（负数）　（小写）¥-2892.80						
销售方	名　　称：广东裕美家具有限公司 纳税人识别号：440103256268024 地址、电话：番禺区东环路 120 号 56327581 开户行及账号：建行东环支行 11682674052				备注		

收款人：　　复核：杨东梅　　开票人：王耀林　　销售方：（章）

第一联：记账联　销售方记账凭证

图 12-14　增值税专用发票记账联

记　账　凭　证

年　月　日　　　　字第　号

摘　要	总账科目	明细科目	借方金额										贷方金额										账页或√
			千	百	十	万	千	百	十	元	角	分	千	百	十	万	千	百	十	元	角	分	
附属单证　　张		合计																					

会计主管　　记账　　审核　　制单

图 12-15　记账凭证

第13章　应收款项核算

一、判断题

1. 应收账款是因小企业销售商品或提供劳务等产生的债权。（　）

2. 存在商业折扣时，小企业应收账款应按原价进行入账，折扣计入财务费用。（　）

3. 商业汇票是一种由银行签发的，委托付款人在指定日期无条件支付确定金额给收款人或者持票人的票据。（　）

4. “应收票据”账户应按开出、承兑商业汇票的单位设置明细分类账，进行明细分类核算。（　）

5. 小企业应收的出租包装物租金应通过“应收账款”账户核算。（　）

6. 未到期的商业汇票可以背书，不可以贴现。（　）

7. 小企业应收款项发生坏账损失，应计提坏账准备。（　）

8. 商业折扣旨在鼓励顾客在一定期限内尽早偿还款项而给予顾客一定数额的价格减让。（　）

9. 小企业发生的坏账损失应按规定的程序和要求向主管税务机关申报后方能在税前扣除，未经申报的损失，不得在税前扣除。（　）

10. 票据贴现金额有可能大于票面金额，也可能小于票面金额。（　）

二、选择题

1. 下列属于应收账款核算范围的是（　）。

A. 应收债务人的利息　　B. 租入包装物押金

C. 应收职工欠款　　D. 代购货单位垫付的运输费

2. 2019年6月12日，甲企业销售给乙企业A商品1 200件，价款为312 000元，增值税额为40 560元，已开出增值税专用发票，价税合计352 560元，以银行存款代垫运费2 000元，款项尚未收到。甲企业应确认的应收账款（　）元。

A. 312 000　　B. 352 560　　C. 354 560　　D. 314 000

3. 根据承兑人的不同，商业汇票可以分为（　）。

A. 商业承兑汇票和银行承兑汇票　　B. 不带息商业汇票和带息商业汇票

C. 银行本票和商业承兑汇票　　D. 支票和银行承兑汇票

4. 小企业出口产品或商品按照规定应予退回的增值税款，借记（　）账户。

A. “营业外收入”　　B. “应收账款”　　C. “其他应收款”　　D. “应交税费”

5. 2019年5月10日，某公司将一张由天怡公司4月10日签发的、为期4个月、票面金额为58 500元的银行承兑汇票向银行申请贴现，银行规定贴现率为8%，则贴现款应为

(　　)元。

A. 1 196　　B. 58 500　　C. 4 680　　D. 57 304

6. 小企业应收款项的坏账损失应在实际发生时确认,记入(　　)账户。

A. “管理费用”　　B. “营业外支出”　　C. “信用减值损失”　　D. “营业外收入”

7. 6 月 28 日,某小企业将 8 月 1 日到期的票据申请贴现,则贴现天数为(　　)天。

A. 34　　B. 33　　C. 32　　D. 35

8. 收到带息的商业汇票时,小企业应按(　　)入账。

A. 票据到期值　　B. 票据面值

C. 票据面值+票据利息　　D. 票据本息的复利现值

9. 下列事项中,应确认为坏账损失的是(　　)。

A. 应收款、票据款到期而无法收回的款项

B. 因债务人破产,按照法律清偿后确实无法收回的款项

C. 因债务人逾期未履行偿债义务超过 3 年仍不能收回的应收账款

D. 债务人依法宣告破产、关闭、解散、被撤销,或者被依法注销、吊销营业执照的

10. 小企业支付的应向职工收取的各种垫付款项,应借记(　　)账户。

A. “应收账款”　　B. “预付账款”　　C. “其他应付款”　　D. “其他应收款”

11. 商业承兑汇票到期,付款方无法付款,应将“应收票据”的账面余额转入(　　)账户。

A. “应收账款”　　B. “预付账款”　　C. “其他应收款”　　D. “应付账款”

12. 小企业给予客户的现金折扣,会计上应当在其发生时,直接记入(　　)账户。

A. “营业外支出”　　B. “财务费用”　　C. “其他应收款”　　D. “管理费用”

三、会计核算题

1. 某小企业销售商品取得收入100 000元,增值税额13 000元,为了及时收回货款,企业同意按含税价款提供现金折扣,条件为(2/10, n/30)。于 7 天后收回全部货款并存入银行。请编制相关的会计分录。

2. 某小企业 2019 年发生如下经济业务,请编制相关的会计分录。

(1) 6 月 1 日,采用委托收款的方式销售产品一批,开出增值专用发票,注明货款300 000元,增值税额 39 000 元。同时,以银行存款垫付运杂费 3 000 元。

(2) 6 月 20 日,收到银行收款通知,上述款项已收妥入账。

(3) 7 月 20 日,销售产品一批,价目表上标明的金额为 300 000 元,增值税税率为 13%。考虑到该产品库存时间较长,经过协商,给予购货方 10%商业折扣。货款于 7 月 25 日收到。

(4) 8 月 2 日,销售产品一批,售价 100 000 元,增值税额 13 000 元,企业同意按不含税价款提供现金折扣,条件为(2/10, 1/20, n/30)。8 月 9 日收到全部货款。

(5) 8 月 17 日,将一张由丁公司签发的、出票日期为 6 月 30 日、期限为 3 个月、面值 100 000 元、票面利率 10%的带息商业承兑汇票向银行申请贴现,银行贴现率为 12%。

3. 某小企业收到华丰公司签发的一张带息 3 个月到期的商业承兑汇票,用于抵偿前欠货款,汇票的面值为 40 000 元,票面利率为 6%。3 个月后,应收票据到期收回款项,存入银行。

4. 某小企业销售一批产品,按价目表标明的价格计算,金额为 40 000 元(不含税)。由于是成批销售,该小企业给予购货方 10%的商业折扣。其现金折扣(含税价款)条件为(2/10,1/20,n/30),适用增值税为 13%,购货方于第 17 天付款。

5. 某小企业向枝江公司采购甲材料 20 吨,单价为 2 000 元,货款总额为 40 000 元。按照合同规定向枝江公司预付货款的 30%,验收货物后补付余款。20 天后收到枝江公司发来的材料,验收无误,货款 40 000 元,增值税额 5 200 元,以银行存款补付余款。

6. 2019年8月9日,某小企业因自然灾害造成一批产成品毁损,按保险合同规定,应由保险公司赔偿损失,保险公司已确认赔偿损失8 000元,赔偿款尚未收到。

四、会计实操题(要求完成未填好的原始凭证,填制记账凭证)

1. 2019年8月6日,根据合同,广东裕美家具有限公司向广州百川家具有限公司销售办公桌50张,沙发50套,开出增值税专用发票,已办理委托收款手续,款项尚未收到,如图13-1至图13-4所示。

广东增值税专用发票

4601041141　　　　№ 241307402

此联不作报销、扣税凭证使用

国家税务总局 广东省税务局

开票日期:2019年08月06日

购买方	名　称:广州百川家具有限公司 纳税人识别号:440102443268027 地址、电话:增城市光明路36号 68682587 开户行及账号:建行光明支行 11676243355				密码区	(略)		
货物或应税劳务、服务名称	规格型号	单位	数量	单价	金额	税率	税额	
*家具*办公桌		张	50	380.00	19000.00	13%	2470.00	
*家具*沙发		套	50	640.00	32000.00	13%	4160.00	
合　计					¥51000.00		¥6630.00	
价税合计(大写)	⊗伍万柒仟陆佰叁拾圆整				(小写)¥57630.00			
销售方	名　称:广东裕美家具有限公司 纳税人识别号:440103256268024 地址、电话:番禺区东环路120号 56327581 开户行及账号:建行东环支行 11682674052				备注			

第一联:记账联 销售方记账凭证

收款人:谢丽华　　复核:杨东梅　　开票人:王耀林　　销售方:(章)

图13-1　增值税专用发票

产品出库单

2019年8月6日　　单位:元

产品名称	规格	型号	单位	数量	单位成本	金额
办公桌			张	50		
沙发			套	50		

仓库主管:陈德明　　复核:杨东梅　　发货:朱永材　　制单:梁芳

图13-2　产品出库单

托收凭证（受理回单）　　1

委托日期：　2019 年 08 月 06 日

业务类型	委托收款（☐邮划、☑电划）　托收承付（☐邮划、☐电划）						
付款人	全　称	广州百川家具有限公司		收款人	全　称	广东裕美家具有限公司	
	账　号	11676243355			账　号	11682674052	
	地　址	广东省 广州 市/县	开户行 光明支行		地　址	广东省 广州 市/县	开户行 建行东环支行
金额	人民币（大写）	伍万柒仟陆佰叁拾元整		亿 千 百 十 万 千 百 十 元 角 分	¥ 5 7 6 3 0 0 0		
款项内容	销货款	托收凭据名称	增值税专用发票 产品出库单	附寄单证张数	2		
商品发运情况	已发运			合同名称号码	100401		
备注： 复核　　记账	款项收妥日期： 年　月　日			收款人开户银行签章			

中国建设银行股份有限公司
广州东环支行
2019.08.06
办讫章
(4)

此联作收款人开户银行给收款人的受理回单

图 13-3　委托收款受理回单

记　账　凭　证

年　月　日　　　　　　字第　号

摘　　要	总账科目	明细科目	借方金额 千	百	十	万	千	百	十	元	角	分	贷方金额 千	百	十	万	千	百	十	元	角	分	账页或√
附属单证　　张		合计																					

会计主管　　　　记账　　　　审核　　　　制单

图 13-4　记账凭证

2. 2019年8月9日,根据合同,广东裕美家具有限公司向佛山海纳家具有限公司销售办公桌120张,原价为380元/张,沙发80套,原价为640元/套。考虑到海纳公司一次性购买数量较多,公司同意给予9折优惠,开出增值税专用发票,收到海纳公司开出的银行承兑汇票一张,如图13-5至图13-8所示。

广东增值税专用发票

4601041141　　　　№ 241307403

此联不作报销、扣税凭证使用

开票日期:2019年08月09日

购买方	名　称:佛山海纳家具有限公司 纳税人识别号:440306208235036 地址、电话:顺德区河滨南路9号 67697282 开户行及账号:中行河滨支行 13657443031				密码区	(略)	
货物或应税劳务、服务名称	规格型号	单位	数量	单价	金额	税率	税额
*家具*办公桌		张	120	342.00	41040.00	13%	5335.20
*家具*沙发		套	80	576.00	46080.00	13%	5990.40
合　计					¥87120.00		¥11325.60
价税合计(大写)	⊗玖万捌仟肆佰肆拾伍圆陆角整					(小写)	¥98445.60
销售方	名　称:广东裕美家具有限公司 纳税人识别号:440103256268024 地址、电话:番禺区东环路120号 56327581 开户行及账号:建行东环支行 11682674052				备注		

第一联:记账联　销售方记账凭证

收款人:谢丽华　　复核:杨东梅　　开票人:王耀林　　销售方:(章)

图13-5　增值税专用发票

产品出库单

2019年8月9日　　　　单位:元

产品名称	规格	型号	单位	数量	单位成本	金额
办公桌			张	120		
沙发			套	80		

仓库主管:陈德明　　复核:杨东梅　　发货:朱永材　　制单:梁芳

图13-6　产品出库单

银行承兑汇票 2

出票日期（大写）：贰零壹玖年捌月零玖日　　汇票号码：0135841

出票人全称	佛山海纳家具有限公司	收款人	全　称	广东裕美家具有限公司	
出票人账号	13657443031		账　号	11682674052	
付款行全称	中行河滨支行		开户银行	建行东环支行	行号 01692
出票金额	人民币（大写）玖万捌仟肆佰肆拾伍元陆角整				
汇票到期日（大写）	贰零壹玖年壹拾壹月零玖日	付款行	行号	15032	
承兑协议编号	0040110402		地址	顺德区河滨南路 16 号	

亿	千	百	十	万	千	百	十	元	角	元
			¥	9	8	4	4	5	6	0

本汇票请你行承兑，此项汇票款我单位承兑协议于到期日前足额交存银行，到期请予以支付。

李海林　　佛山海纳家具有限公司财务专用章　　出票人签章

本汇票已承兑，到期由本行承付。

承兑行签章

承兑日期：2019.08.09

备注：

中国银行银行承兑汇票专用章　复核　记账　440303376268436

此联收款人开户行随托收凭证寄付款行作借方凭证附件

图 13-7　银行承兑汇票

记　账　凭　证

年　月　日　　　　字第　号

摘　要	总账科目	明细科目	借方金额										贷方金额										账页或√
			千	百	十	万	千	百	十	元	角	分	千	百	十	万	千	百	十	元	角	分	
附属单证　张		合计																					

会计主管　　记账　　审核　　制单

图 13-8　记账凭证

3. 2019年8月10日,根据合同,广东裕美家具有限公司向深圳佳缘家具有限公司销售办公桌90张,沙发80套,开出增值税专用发票。合同约定,按不含税价款提供现金折扣,现金折扣条件为(2/10,1/20,n/30),如图13-9至图13-11所示。

广东增值税专用发票

4601041141　　　　№ 241307412

此联不作报销、扣税凭证使用

开票日期：2019年08月10日

购买方	名　　称：深圳佳缘家具有限公司 纳税人识别号：440206835254026 地址、电话：深圳市怡景路12号 88396432 开户行及账号：工行怡景支行 12934783058			密码区	（略）		
货物或应税劳务、服务名称	规格型号	单位	数量	单价	金额	税率	税额
*家具*办公桌		张	90	380.00	34200.00	13%	4446.00
*家具*沙发		套	80	640.00	51200.00	13%	6656.00
合计					¥85400.00		¥11102.00
价税合计（大写）	⊗玖万陆仟伍佰零贰圆整				（小写）¥96502.00		
销售方	名　　称：广东裕美家具有限公司 纳税人识别号：440103256268024 地址、电话：番禺区东环路120号 56327581 开户行及账号：建行东环支行 11682674052			备注			

第一联：记账联　销售方记账凭证

收款人：谢丽华　　复核：杨东梅　　开票人：王耀林　　销售方：(章)

图13-9　增值税专用发票

产品出库单

2019年8月10日　　　　单位:元

产品名称	规格	型号	单位	数量	单位成本	金额
办公桌			张	90		
沙发			套	80		

仓库主管:陈德明　　复核:杨东梅　　发货:朱永材　　制单:梁芳

图13-10　产品出库单

记 账 凭 证

年　月　日　　　　　　　　字第　号

摘　要	总账科目	明细科目	借方金额										贷方金额										账页或√
			千	百	十	万	千	百	十	元	角	分	千	百	十	万	千	百	十	元	角	分	
附属单证　张		合计																					

会计主管　　　　记账　　　　审核　　　　制单

图 13-11　记账凭证

4. 2019 年 8 月 20 日，广东裕美家具有限公司收到深圳佳缘家具有限公司支付的本月 10 日的货款，如图 13-12 至图 13-15 所示。

中国工商银行支票（粤）　　GS 06824241

付款期限自出票之日起十天

出票日期（大写）贰零壹玖年捌月零贰拾日　　付款行名称：工行怡景支行

收款人：广东裕美家具有限公司　　出票人账号：12934783058

人民币（大写）	千	百	十	万	千	百	十	元	角	分
玖万肆仟柒佰玖拾肆元整			¥	9	4	7	9	4	0	0

用途　支付货款　　　　密码

上列款项请从　　　　行号

我账户内支付

出票人签章　　深圳佳缘家具有限公司财务专用章　　郑利德

复核　　记账

附加信息：	被背书人：	被背书人：
	背书人签章 年　月　日	背书人签章 年　月　日

图 13-12　转账支票

中国建设银行进账单（回　单）　1

年　月　日

出票人	全　称		收款人	全　称	
	账　号			账　号	
	开户银行			开户银行	
金额	人民币（大写）				亿千百十万千百十元角分
票据种类		票据张数			
票据号码					
复核　　记账			开户银行盖章		

此联是开户银行交给持(出)票人的回单

图 13-13　银行进账单

现金折扣审批单

2019 年 8 月 20 日　　　　单位:元

购买单位	深圳佳缘家具有限公司		现金折扣条件	(2/10,1/20,n/30)	
商品名称	销售时间	收款时间	售价金额	折扣率	现金折扣
办公桌	2019.8.10	2019.8.20	34 200.00	2%	684.00
沙发	2019.8.10	2019.8.20	51 200.00	2%	1 024.00
合计	—	—	¥85 400.00	2%	¥1 708.00

会计主管:范永建　　　　销售主管:王裕峰　　　　制表:梁芳

图 13-14　现金折扣审批单

记　账　凭　证

年　月　日　　　　字第　号

摘　要	总账科目	明细科目	借方金额（千百十万千百十元角分）	贷方金额（千百十万千百十元角分）	账页或√
附属单证　　张		合计			

会计主管　　　　记账　　　　审核　　　　制单

图 13-15　记账凭证

第 14 章　对外投资核算

一、判断题

1. 小企业长期债券投资损失应当于实际发生时计入营业外支出，同时冲减长期债券投资账面余额。（　　）

2. 小企业取得短期投资采用历史成本计量，发生的交易费用应计入投资收益。（　　）

3. 由于短期投资的短期性，投资企业一般不重视对被投资企业的管理决策权，而主要重视投资收益。（　　）

4. 小企业购入短期债券，如果实际支付价款中包含了已到付息期，但尚未领取的债券利息，应当计入短期债券投资的成本。（　　）

5. 小企业取得长期债券投资采用历史成本计量，发生的交易费用计入投资成本。（　　）

6. 对于资产负债表日发生的短期投资的公允价值的变动，小企业不作任何处理。（　　）

7. 按照《小企业会计准则》规定，小企业收到短期债券投资的利息，可能贷记“财务费用”账户。（　　）

8. 小企业对长期股权投资可以选择成本法或权益法进行会计核算。（　　）

9. 小企业长期股权投资损失应当于实际发生时计入营业外支出，同时冲减长期股权投资账面余额。（　　）

10. 采用成本法核算长期股权投资，被投资单位宣告分派现金股利时，投资企业应当按照应分得的金额确认为当期投资收益。（　　）

二、选择题

1. 短期投资的持有时间一般不超过（　　）个月。

A. 3　　B. 6

C. 12　　D. 24

2. 2019 年 6 月 8 日，A 企业以银行存款购入某上市公司股票 1.8 万股，共支付款项 200 000 元，其中包括已宣告但尚未发放的现金股利 12 000 元。另支付交易手续费2 000元。该短期投资的初始投资成本为（　　）元。

A. 200 000　　B. 198 000

C. 202 000　　D. 190 000

3. 作为短期投资购入的股票中，如果包含已宣告但尚未发放的现金股利，这部分股利应（　　）。

A. 记入“投资收益”账户　　B. 记入“应收股利”账户
C. 记入“营业外收入”账户　　D. 记入“短期投资”账户

4. 2019 年 6 月 14 日，B 企业购入 C 公司股票 10 000 股作为短期投资，每股股价 10 元，另支付佣金、手续费等共计 1 000 元，所有款项均以银行存款支付。2019 年 9 月 14 日，该企业以每股 12 元的价格全部出售该股票，同时支付手续费 2 000 元。计算 B 企业短期投资的投资收益为(　　)元。

A. 17 000　　B. 19 000
C. 16 000　　D. 18 000

5. 甲企业采用小企业会计准则核算。2019 年 6 月 1 日，购入当日发行的 5 年期、年利率 10%的到期还本付息债券，实际支付价款为 200 000 元(不考虑手续费等)，该债券面值为 190 000 元，2020 年 4 月 1 日企业以 210 000 元出售该批债券，则该批债券累计所取得的投资收益为(　　)元。

A. 10 000　　B. 20 000
C. 21 000　　D. 19 000

6. 到期一次还本付息的长期债券投资，小企业在债务人应付利息日，应按照票面利率计算的利息收入，借记(　　)账户。

A. “应收利息”　　B. “长期债券投资——溢折价”
C. “应收股利”　　D. “长期债券投资——应计利息”

7. 某小企业以每张 110 元的价格购入当日发行的票面利率 10%的 5 年期债券 1 000 张，并准备长期持有，债券面值 100 元，另支付相关税费 500 元，则账务处理应(　　)。

A. 借记“长期债券投资——面值　110 500”
B. 借记“长期债券投资——溢折价　10 500”
C. 借记“长期债券投资——溢折价　500”
D. 借记“长期债券投资——面值　99 500”

8. 采用成本法核算长期股权投资时，下列各项中应相应调减长期股权投资账面价值的是(　　)。

A. 被投资单位当年实现净利润　　B. 投资企业追加投资
C. 被投资单位当年发生亏损　　D. 发生长期股权投资损失

9. 2019 年 6 月 1 日，A 小企业购入 B 公司普通股股票 100 000 股，每股 8.5 元，其中包括已宣告但尚未发放的现金股利 50 000 元，以银行存款支付，并准备长期持有，另支付相关费用 20 000 元。该投资的初始投资成本为(　　)元。

A. 870 000　　B. 820 000
C. 850 000　　D. 800 000

10. 小企业实际发生的长期股权投资损失应计入(　　)。

A. 长期股权投资减值准备　　B. 长期股权投资减值损失
C. 营业外支出　　D. 投资收益

三、会计核算题

1. 华建公司(小企业)2019 年发生如下经济业务,请编制相关的会计分录。

(1) 7 月 11 日,从二级市场上购入 D 公司发行的公司债券,该债券于 2016 年 7 月 1 日发行、期限为 10 年、债券面值为 300 000 元、票面利率为 5%、计息期为每年的 7 月 1 日至下年的 7 月 1 日。企业持有该债券的目的是短期获利,支付价款 320 000 元,其中包括已宣告但尚未发放的债券利息 15 000 元和交易费用 5 000 元。

(2) 7 月 16 日,收到以上债券利息 15 000 元。

(3) 10 月 18 日,以 350 000 元的价格出售该债券,同时支付交易手续费 8 000 元。

2. 毅林公司(小企业)发生如下经济业务,请编制相关的会计分录。

(1) 2019 年 4 月 1 日,购入 B 公司普通股股票 10 000 股,每股 10.5 元,其中包括已宣告但尚未发放的现金股利(每股 0.5 元),以银行存款支付,并准备长期持有,另支付相关交易费用 5 000 元。

(2) 2019 年 4 月 6 日,收到 B 公司分派的现金股利 5 000 元。

(3) 2020 年 7 月 9 日,B 公司宣告发放现金股利,每股 0.6 元。

(4) 2020 年 7 月 16 日,收到 B 公司分派的现金股利。

(5) 2020 年 7 月 31 日,将持有的 B 公司股票以每股 11 元的价格出售。同时支付相关交易费 8 000 元。

3. 2019 年 8 月 3 日,精展公司以银行存款购入某股份公司股票 10 000 股,作为短期投资,每股成交价 9.8 元,其中包括每股 0.2 元已宣告但尚未分派的现金股利,另支付相关税费 400 元。8 月 10 日,精展公司收到该公司发放的现金股利。10 月 18 日,精展公司出售上述股票,售价为 100 000 元。

4. 2019 年 8 月 1 日,联科公司以每张 110 元的价格购入某公司当日发行的 3 年期债券 100 张作为长期投资,票面年利率 10%,债券面值 100 元,另支付有关交易费用 500 元。

5. 2019 年 9 月 20 日,科联公司持有 3 年的债券到期,收回金额 240 000 元,该债券账面余额为 220 000 元,其中债券面值 200 000 元,应计利息 20 000 元。

6. 2019 年 8 月 16 日,科原公司以银行存款购买某股份公司的股票 10 000 股,作为长期投资核算,每股买入价为 8.5 元,每股价格中包含有 0.5 元的已宣告但尚未发放的现金股利,另支付相关税费 2 000 元,9 月 20 日,科原公司实际收到上述现金股利。

四、会计实操题(要求完成未填好的原始凭证,填制记账凭证)

1. 2019 年 7 月 16 日,广东裕美家具有限公司以交易为目的,通过二级市场购入众业达股票 5 000 股,每股市价 21.46 元,另支付交易手续费等相关费用 162 元,如图 14-1 和图 14-2 所示。

委托买入交割单

买卖类别：买入	成交日期：2019.07.16
股东代码：02845865	股东姓名：裕美家具有限公司
证券代码：002441	合同号码：0024392
证券名称：众业达	委托时间：13：25：20
成交号码：00325123	成交时间：13：36：23
成交价格：21.46	上次余额：0 股
成交股数：5000	本次余额：5000 股
成交金额：107300.00	手续费：62.00
过户费：100.00	印花税：0.00
其他收费：0.00	收付金额：107462.00

广发证券股份有限公司
广州番禺营业部
2019.07.16
结算章
(1)

图 14-1　委托买入交割单

记　账　凭　证

年　月　日　　　　字第　号

摘　要	总账科目	明细科目	借方金额										贷方金额										账页或√
			千	百	十	万	千	百	十	元	角	分	千	百	十	万	千	百	十	元	角	分	
附属单证　张		合计																					

会计主管　　记账　　审核　　制单

图 14-2　记账凭证

2. 2019 年 8 月 20 日,广东裕美家具有限公司以交易为目的,通过二级市场购入科大讯飞股票 2 000 股,每股市价 46.80 元,另支付交易手续费等相关费用 124 元。科大讯飞于 8 月 16 日宣告每 10 股派发现金股利 5 元,该现金股利将按 8 月 23 日的股东名册发放,如图 14-3 至图 14-6 所示。

委托买入交割单

买卖类别：买入	成交日期：2019.08.20
股东代码：02845865	股东姓名：裕美家具有限公司
证券代码：002230	合同号码：0024462
证券名称：科大讯飞	委托时间：14：25：20
成交号码：00325148	成交时间：14：36：23
成交价格：46.80	上次余额：0 股
成交股数：2000	本次余额：2000 股
成交金额：93600.00	手续费：24.00
过户费：100.00	印花税：0.00
其他收费：0.00	收付金额：93724.00

广发证券股份有限公司
广州番禺营业部
2019.08.20
结算章
(1)

图 14-3　委托买入交割单

科大讯飞 2018 年度分红派息实施公告

科大讯飞(002230)2018 年度权益分派方案为：每 10 股派 5 元人民币现金。

股权登记日：2019 年 8 月 23 日，除息日：2019 年 8 月 24 日。

本公司此次委托中国结算深圳分公司代派的股息将于 2019 年 8 月 24 日通过股东托管证券公司（或其他托管机构）直接划入其资金账户。

科大讯飞股份有限公司
2019 年 8 月 16 日

科大讯飞股份有限公司
210306458268326

图 14-4　分红派息实施公告

应收股利计算表

2019 年 8 月 20 日　　　　单位:元

项目	股份数	股利分配率	应分得股利
应收股利	2 000	0.5	1 000
合计	2 000	0.5	¥1 000.00

会计主管:范永建　　　　会计:杨东梅　　　　制表:梁芳

图 14-5　应收股利计算表

记　账　凭　证

年　月　日　　　　　　　　字第　号

摘　要	总账科目	明细科目	借方金额										贷方金额										账页或√
			千	百	十	万	千	百	十	元	角	分	千	百	十	万	千	百	十	元	角	分	
附属单证　张		合计																					

会计主管　　　　记账　　　　审核　　　　制单

图 14-6　记账凭证

第 15 章　利 润 核 算

一、判断题

1. 营业外支出是指企业发生的与其日常经营活动有直接关系的各项损失。　(　　)

2.《小企业会计准则》下，印花税通过“管理费用”账户核算。　(　　)

3. 小企业出租固定资产和包装物取得的租金收入应计入营业外收入。　(　　)

4. 小企业存货的盘盈收益应当计入营业外收入。　(　　)

5. 小企业已作为营业外支出处理的资产，在以后会计年度收回时，应冲减当期的营业外支出。　(　　)

6. 年度终了，除“未分配利润”明细账户外，“利润分配”账户下的其他明细账户应当无余额。　(　　)

7. 企业应按本年度实现的净利润的10%提取法定盈余公积。　(　　)

8. 应付利润是指企业根据董事会或类似机构审议批准的利润分配方案确定分配给投资者的现金股利或利润。　(　　)

9. 董事会通过股票股利分配方案时，财会部门应将拟分配的股票股利确认为负债。　(　　)

10. “利润分配——未分配利润”账户的贷方余额，表示企业历年累计结存的未分配利润。　(　　)

二、单选题

1. 利润总额减去所得税费用后的净额是(　　)。

A. 营业利润　　B. 营业外利润　　C. 净利润　　D. 营业收入

2. 小企业按照规定实行企业所得税先征后返的，实际收到返还的企业所得税，在(　　)账户中反映。

A. “所得税费用”　　B. “应交税费——应交所得税”

C. “营业外支出”　　D. “营业外收入”

3. 小企业年末结转本年利润，必须选用的方法是(　　)。

A. 账结法　　B. 表结法　　C. 文字记录法　　D. 以上三种都可

4. 小企业在提取法定盈余公积时，应按照弥补以前年度亏损后的净利润的一定比例计提，这一比例是(　　)。

A. 5%　　B. 10%　　C. 25%　　D. 50%

5. “利润分配——未分配利润”账户的借方余额，表示(　　)。

A. 结存的公益金　　B. 结存的盈余公积

C. 未弥补亏损　　D. 未分配利润

6. 小企业在利润分配时，其税后利润应优先(　　)。

A. 提取法定盈余公积　　B. 弥补以前年度亏损

C. 提取任意盈余公积　　D. 向投资者分配利润

7. 小企业发生的年度亏损，可以用以后年度实现的税前利润弥补，连续弥补期限不得超过(　　)年。

A. 2　　B. 3　　C. 4　　D. 5

8. 计算应交所得税时，属于纳税调整减少额的是(　　)。

A. 超过税法规定标准的工资支出　　B. 超过税法规定标准的业务招待费支出

C. 税收滞纳金　　D. 国债利息收入

9. 某小企业 2019 年年末账面会计利润为 350 000 元，税收滞纳金 3 000 元，业务招待费超支 2 450 元，国债利息收入 6 000 元，其应纳税所得额为(　　)元。

A. 361 450　　B. 338 550　　C. 350 550　　D. 349 450

10. 某小企业 2019 年年初未分配利润贷方余额为 35 000 元，本年实现净利润 700 000元，提取盈余公积 105 000 元，则年末未分配利润的账户余额为(　　)元。

A. 630 000　　B. 695 000　　C. 70 000　　D. 35 000

三、多选题

1. 以下应确认为小企业营业外收入的有(　　)。

A. 非流动资产处置净收益　　B. 政府补助

C. 捐赠收益　　D. 盘盈收益

2. 以下属于营业利润计算公式中减项的有(　　)。

A. 营业收入　　B. 营业成本

C. 税金及附加　　D. 管理费用

3. 以下应确认为小企业营业外支出的有(　　)。

A. 无形资产处置净收益　　B. 坏账损失

C. 长期股权投资净损失　　D. 存货毁损净损失

4. 小企业实现的利润可以用于(　　)。

A. 以税前利润弥补以前 5 年内的亏损　　B. 以税前利润弥补以后 5 年内的亏损

C. 提取盈余公积　　D. 向投资者分配利润

5. 公司制小企业的盈余公积包括(　　)。

A. 未分配利润　　B. 法定盈余公积

C. 未弥补亏损　　D. 任意盈余公积

6. 小企业提取的盈余公积可以用于(　　)。

A. 弥补亏损　　B. 转增资本

C. 向投资者分配　　D. 扩大生产经营

四、会计核算题

1. 2019 年 9 月 10 日,某企业因客户违约取得罚款收入 10 000 元,存入银行;9 月 20 日以支票支付环保排污罚款 5 000 元。

2. 某企业 2019 年实现税后利润 300 000 元,按规定计提法定盈余公积,计提比例为 10%。

3. 某小企业属于增值税一般纳税人,2019 年 9 月发生下列营业外收支业务,请编制相关会计分录。

(1) 27 日,收到货币资金捐赠 50 000 元, 捐赠款已存入银行。

(2) 28 日,收到出租包装物租金收入 1 000 元,增值税额 130 元,款项尚未收到。

4. 某小企业属于增值税一般纳税人,2019 年 10 月发生如下经济业务,请编制相关会计分录。

(1) 发现无法支付的应付账款 5 000 元。

(2) 本月发生管理费用 20 000 元、销售费用 10 000 元、财务费用 2 000 元,均以银行存款支付。

(3) 本月发生固定资产盘亏净损失 20 000 元。

(4) 月末结转本月各费用类账户。

5. 2019 年 6 月 30 日，某小企业按协议规定应付给投资者利润 50 000 元，7 月 10 日开出转账支票支付给投资者应付利润。

五、会计实操题（要求完成未填好的原始凭证，填制记账凭证）

1. 广东裕美家具有限公司 2019 年 8 月 10 日，因广州百川家具有限公司违约，按合同约定，收取百川公司违约金，存入银行，如图 15-1 和图 15-2 所示。

中国建设银行**进账单** （回 单） 1

2019 年 08 月 10 日

出票人	全 称	广州百川家具有限公司	收款人	全 称	广东裕美家具有限公司
	账 号	11676243355		账 号	11682674052
	开户银行	建行光明支行		开户银行	建行东环支行
金额	人民币（大写）	壹仟元整		亿 千 百 十 万 千 百 十 元 角 分	¥ 1 0 0 0 0 0
票据种类	支票	票据张数	壹		
票据号码	12564028				
复核	记账			开户银行盖章	

（印章：中国建设银行股份有限公司 广州东环支行 2019.08.10 办讫章 (4)）

此联是开户银行交给持（出）票人的回单

图 15-1 银行进账单

记 账 凭 证

年 月 日 字第 号

摘 要	总账科目	明细科目	借方金额										贷方金额										账页或√
			千	百	十	万	千	百	十	元	角	分	千	百	十	万	千	百	十	元	角	分	
附属单证 张		合计																					

会计主管 记账 审核 制单

图 15-2 记账凭证

2. 广东裕美家具有限公司2019年8月份有关损益类账户的发生额如表15-1所示，结转各损益类账户到“本年利润”，如图15-3和图15-4所示。

表15-1　　各损益类账户发生额表(结转到本年利润前)

2019年8月　　单位:元

收入类账户	贷方发生额	费用类账户	借方发生额
主营业务收入	468 300.00	主营业务成本	289 752.00
其他业务收入	25 120.00	其他业务成本	17 348.00
投资收益	36 120.00	税金及附加	3 490.00
营业外收入	3 000.00	销售费用	47 004.00
		管理费用	22 926.00
		财务费用	6 775.00
		营业外支出	50 000.00
合计	¥532 540.00	合计	¥437 295.00

记　账　凭　证

年　月　日　　　　字第　号

摘　要	总账科目	明细科目	借方金额										贷方金额										账页或√
			千	百	十	万	千	百	十	元	角	分	千	百	十	万	千	百	十	元	角	分	
附属单证　　张		合计																					

会计主管　　记账　　审核　　制单

图15-3　记账凭证

记　账　凭　证

年　月　日　　　　　　　　　　　　字第　号

摘　要	总账科目	明细科目	借方金额										贷方金额										账页或√
			千	百	十	万	千	百	十	元	角	分	千	百	十	万	千	百	十	元	角	分	
附属单证　　张		合计																					

会计主管　　　　记账　　　　审核　　　　制单

图 15-4　记账凭证

第 16 章　财务报表编制

一、判断题

1. 小企业资产负债表的左方为资产项目，右方为负债及所有者权益项目。（　　）

2. “短期投资”项目是根据总分类账户的期末余额直接填列。（　　）

3. 小企业财务报表至少应当包括资产负债表、利润表、现金流量表以及附注。（　　）

4. 利润表是反映小企业在某一特定日期经营成果的财务报表。（　　）

5. 小企业资产负债表中，融资租入的固定资产原价包括在固定资产原价项目中。（　　）

6. 小企业向投资者分配的利润不属于现金流量表反映的内容。（　　）

二、单选题

1. 下列各项资产负债表项目，根据总分类账户期末余额计算填列的是（　　）。

A. 应收票据　　B. 在建工程　　C. 存货　　D. 应收账款

2. 下列各资产负债表项目，根据总分类账户和明细分类账户期末余额分析计算填列的是（　　）。

A. 货币资金　　B. 预收账款　　C. 无形资产　　D. 未分配利润

3. 2019 年 12 月 31 日，某小企业有关总分类账户期末余额如下：“原材料”账户借方余额 10 000 元，“生产成本”账户借方余额 6 000 元，“库存商品”账户借方余额 20 000 元，“材料成本差异”账户借方余额 1 000 元，“工程物资”账户借方余额 20 000 元。则该企业年末资产负债表“存货”项目应填列的金额为（　　）元。

A. 57 000　　B. 56 000　　C. 55 000　　D. 37 000

4. 小企业利润表中，“营业收入”等于“主营业务收入”和（　　）账户的金额相加。

A. “其他业务收入”　　B. “投资收益”

C. “营业外收入”　　D. “主营业务成本”

5. 某小企业 2019 年 10 月份费用类账户发生额如下：“主营业务成本”25 000 元，“其他业务成本”5 000 元，“税金及附加”2 000 元，“管理费用”10 000 元，“销售费用”6 000 元，“财务费用”1 000 元。则该企业 2019 年 10 月“营业成本”为（　　）元。

A. 25 000　　B. 30 000　　C. 32 000　　D. 49 000

6.《小企业会计准则》规定，小企业现金流量表应采用的结构是（　　）。

A. 账户式　　B. 多步式　　C. 报告式　　D. 单步式

7. 小企业取得的用于补偿已发生费用的政府补贴，应计入利润表的（　　）项目。

A. 营业收入　　B. 营业成本　　C. 营业外收入　　D. 营业外支出

8.《小企业会计准则》规定，应收账款明细账户中若有贷方余额，应将其计入资产负债表中的（　　）项目。

A. 应收票据　B. 预收账款　C. 应付账款　D. 其他应付款

三、多选题

1. 关于小企业资产负债表的说法，正确的是（　　）。

A. 左方的资产项目按流动性从大到小排列

B. 右方的负债项目按偿还的先后顺序排列

C. 左方的资产项目按流动性从小到大排列

D. 右方的负债项目按偿还的大小顺序排列

2. 下列各项中，根据有关资产账户期末余额及其备抵账户余额计算填列的是（　　）。

A. 短期借款　B. 无形资产

C. 生物性生物资产　D. 固定资产账面价值

3.《小企业会计准则》规定，小企业利润表的编制包括（　　）等步骤。

A. 计算营业收入和营业成本　B. 计算营业利润

C. 计算利润总额　D. 计算净利润

4. 下列各项中，不会影响营业利润计算结果的有（　　）。

A. 所得税费用　B. 营业外支出　C. 营业外收入　D. 投资收益

5. 下列各项中，属于筹资活动产生现金流入的项目有（　　）。

A. 取得借款收到现金　B. 销售商品收到的现金

C. 取得投资收益收到的现金　D. 吸收投资者投资收到的现金

6. 下列资产负债表项目中，根据总账账户余额直接填列的有（　　）。

A. 短期借款　B. 实收资本　C. 应收票据　D. 应收账款

四、会计核算题

1. 2019 年 12 月 31 日，广东裕美家具有限公司有关总分类账户期末余额如表 16-1 所示，有关明细分类账户期末余额如表 16-2 所示。

表 16-1　**总分类账户期末余额表**

2019 年 12 月 31 日　单位:元

账户名称	借方余额	账户名称	贷方余额
库存现金	1 000	短期借款	400 000
银行存款	590 000	应付票据	0
应收票据	40 000	应付账款	160 000
应收账款	290 000	应付职工薪酬	15 000
其他应收款	2 000	应交税费	12 000

（续表）

账户名称	借方余额	账户名称	贷方余额
在途物资	40 000	累计折旧	600 000
原材料	50 000	累计摊销	2 0000
库存商品	60 000	长期借款	1200 000
长期股权投资	700 000	实收资本	3 000 000
固定资产	3 900 000	盈余公积	100 000
无形资产	10 0000	利润分配(未分配利润)	266 000
合　计	5 773 000	合　计	5 773 000

表 16-2　　有关明细分类账户期末余额表

2019 年 12 月 31 日　　单位:元

账户名称	借或贷	余额	账户名称	借或贷	余额
应收账款	借	290 000	应付账款	贷	160 000
——胜华公司	借	240 000	——利源公司	贷	100 000
——百川公司	借	150 000	——泰华公司	贷	80 000
——海纳公司	贷	65 000	——永安公司	借	20 000
——佳缘公司	贷	35 000			

根据表 16-1 和表 16-2 的资料,编制裕美家具公司 2019 年 12 月 31 日资产负债表(简表),如表 16-3 所示。

表 16-3　　资产负债表(简表)

编制单位:裕美家具有限公司　　2019 年 12 月 31 日　　单位:元

资产项目	期末余额	负债及所有者权益项目	期末余额
流动资产:		流动负债:	
货币资金		短期借款	
应收票据		应付票据	
应收账款		应付账款	
预付账款		预收账款	
其他应收款		应付职工薪酬	
存货		应交税费	
流动资产合计		流动负债合计	
非流动资产:		非流动负债:	
长期股权投资		长期借款	

（续表）

资产项目	期末余额	负债及所有者权益项目	期末余额
固定资产原价		非流动负债合计	
减：累计折旧		负债合计	
固定资产账面价值		所有者权益：	
无形资产		实收资本	
		盈余公积	
		未分配利润	
非流动资产合计		所有者权益合计	
资产总计		负债及所有者权益总计	

2. 广东裕美家具有限公司 2019 年有关损益类账户的发生额，如表 16-4 所示。

表 16-4　　各损益类账户发生额表（结转到本年利润前）

2019 年　　单位：元

损益类账户	12 月份发生额	1～11 月累计发生额
主营业务收入	800 000	8 500 000
主营业务成本	500 000	6 550 000
税金及附加	40 000	750 000
其他业务收入	90 000	800 000
其他业务成本	75 000	650 000
管理费用	10 000	960 000
财务费用	2 000	60 000
销售费用	6 000	405 000
投资收益	25 000	1 500 000
营业外收入	16 500	0
营业外支出	9 500	150 000

根据表 16-4 的资料，计算裕美家具公司 2019 年利润表（简表），如表 16-5 所示有关项目的金额（企业所得税税率为 25%）。

表 16-5　　利润表（简表）

编制单位：裕美家具有限公司　　2019 年　　单位：元

项目	2019 年 12 月金额	项目	2019 年金额
营业利润	(1)	营业利润	(5)
利润总额	(2)	利润总额	(6)

(续表)

项目	2019年12月金额	项目	2019年金额
所得税费用	(3)	所得税费用	(7)
净利润	(4)	净利润	(8)

3. 2019年12月31日,广东利丰实业有限公司总分类账户期末余额,如表16-6所示,相关明细分类账户期末余额,如表16-7所示。

表16-6　总分类账户期末余额表

2019年12月31日　单位:元

账户名称	借方余额	账户名称	贷方余额
库存现金	500.00	短期借款	30 000.00
银行存款	8 500.00	应付账款	5 000.00
短期投资	7 000.00	预收账款	500.00
应收票据	0	应付利润	11 500.00
应收账款	11 500.00	应付职工薪酬	17 350.00
预付账款	2 350.00	应交税费	30 000.00
其他应收款	500.00	其他应付款	4 500.00
原材料	13 500.00	累计折旧	10 000.00
生产成本	4 000.00	长期借款	15 000.00
库存商品	10 000.00	其中:1年内到期	5 000.00
长期债券投资	100 000.00	实收资本	140 000.00
固定资产	200 000.00	盈余公积	11 040.00
长期待摊费用	2 000.00	未分配利润	84 960.00

表16-7　有关明细分类账户期末余额表

2019年12月31日　单位:元

账户名称	借或贷	余额	账户名称	借或贷	余额
应收账款	借	11 500.00	应付账款	贷	5 000.00
——A公司	借	5 000.00	——D公司	贷	3 500.00
——B公司	贷	1 000.00	——E公司	借	2 500.00
——C公司	借	7 500.00	——F公司	贷	4 000.00
预收账款	贷	500.00	预付账款	借	2 350.00
——H公司	贷	2 000.00	——K公司	借	2 500.00
——J公司	借	1 500.00	——L公司	贷	150.00

根据表 16-6 和表 16-7 的资料，编制利丰公司 2019 年 12 月 31 日资产负债表，如表 16-8 所示。

表 16-8 **资产负债表**

编制单位：利丰实业有限公司 2019 年 12 月 31 日 单位：元

资产项目	期末余额	年初余额	负债及所有者权益项目	期末余额	年初余额
流动资产：			流动负债：		
货币资金			短期借款		
短期投资			应付票据		
应收票据			应付账款		
应收账款			预收账款		
预付账款			应付职工薪酬		
应收利息			应交税费		
应收股利			应付利息		
其他应收款			应付利润		
存货			其他应付款		
其他流动资产			其他流动负债		
流动资产合计			流动负债合计		
非流动资产：			非流动负债：		
长期债券投资			长期借款		
长期股权投资			长期应付款		
固定资产原价			其他非流动负债		
减：累计折旧			非流动负债合计		
固定资产账面价值			负债合计		
在建工程			所有者权益：		
工程物资			实收资本(或股本)		
固定资产清理			资本公积		
生产性生物资产			盈余公积		
无形资产			未分配利润		
开发支出			所有者权益合计		
长期待摊费用					
其他非流动资产					
非流动资产合计					
资产总计			负债及所有者权益总计		

4. 广东利丰实业有限公司 2019 年度有关损益类账户的本年累计发生额,如表 16-9 所示。

表 16-9　　各损益类账户本年累计发生额表

2019 年　　单位:元

收入类账户	贷方发生额	费用类账户	借方发生额
主营业务收入	1 250 000.00	主营业务成本	750 000.00
其他业务收入	50 000.00	其他业务成本	30 900.00
投资收益	31 500.00	税金及附加	2 000.00
营业外收入	50 000.00	销售费用	20 000.00
		管理费用	157 100.00
		财务费用	41 500.00
		营业外支出	19 700.00
		所得税费用	85 300.00

根据表 16-9 的资料,编制利丰公司 2019 年度利润表,如表 16-10 所示。

表 16-10　　利　润　表

编制单位:利丰实业有限公司　　2019 年　　单位:元

项目	本年累计金额	上年金额
一、营业收入		
减:营业成本		
税金及附加		
销售费用		
管理费用		
财务费用		
加:投资收益(损失以"一"号填列)		
二、营业利润(损失以"一"号填列)		
加:营业外收入		
减:营业外支出		
三、利润总额(亏损总额以"一"号填列)		
减:所得税费用		
四、净利润(净亏损以"一"号填列)		

主要参考文献

[1] 罗绍明.小企业财务会计[M].立信会计出版社,2018.

[2] 罗绍明.小企业财务会计实训[M].立信会计出版社,2018.

职业教育会计专业营改增系列教材

1. 会计基础
2. 会计基础实训
3. 小企业会计基础
4. 小企业会计基础实训
5. 新编企业财务会计(第二版)
6. 新编企业财务会计实训(第二版)
7. 企业会计岗位综合实训(第二版)
8. 小企业财务会计(第三版)
9. 小企业财务会计实训(第三版)
10. 小企业会计岗位综合实训(第二版)